秩父三十四カ所めぐり

目次

109 『観音霊験記』の世界

127 百観音霊場巡拝と善光寺参り

74	76	78	81	84	88	91	94	97	100	103	106	110	113	116	120	124
第18番	第19番	第20番	第21番	第22番	第23番	第24番	第25番	第26番	第27番	第28番	第29番	第30番	第31番	第32番	第33番	第34番
白道山	飛淵山	法王山	要光山	華台山	松風山	光智山	岩谷山	萬松山	龍河山	石龍山	笹戸山	瑞龍山	鷲窟山	般若山	延命山	日沢山
神門寺	龍石寺	岩之上堂	観音寺	童子堂	音楽寺	法泉寺	久昌寺	円融寺	大渕寺	橋立堂	長泉院	法雲寺	観音院	法性寺	菊水寺	水潜寺

秩父札所の納経時間について

秩父札所の納経時間(受付時間)は、原則として8～12時、13～17時です。

札所によっては、12～13時(昼休み)の間も納経(御朱印)ができるところがあります。

冬期(11～3月)は、札所によって時間が異なる場合があります。

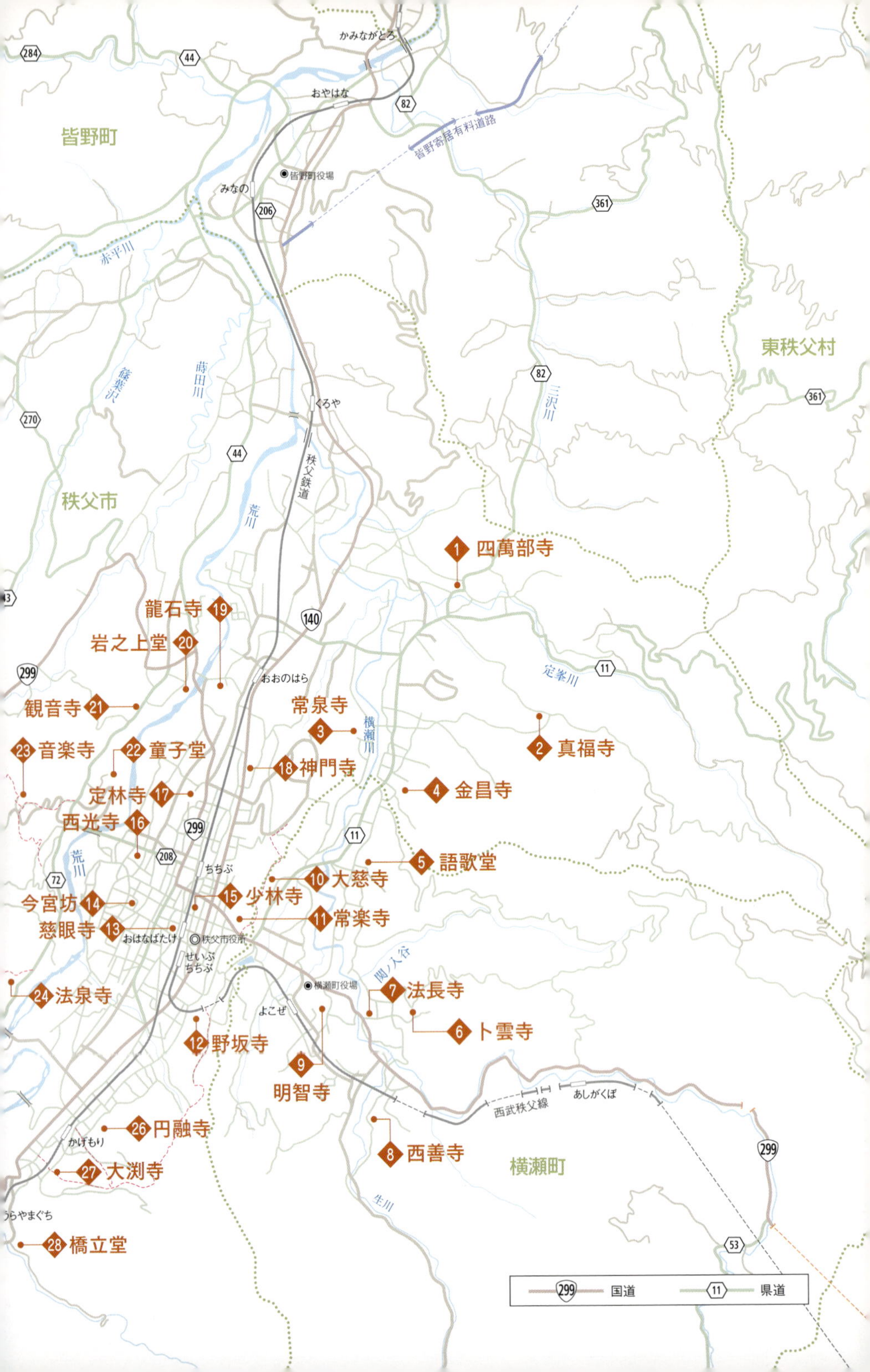

皆野町
東秩父村
秩父市
横瀬町
かみながとろ
おやはな
皆野寄居有料道路
皆野町役場
みなの
赤平川
篠葉沢
蒔田川
三沢川
くろや
秩父鉄道
荒川
1 四萬部寺
19 龍石寺
20 岩之上堂
おおのはら
定峯川
21 観音寺
常泉寺 3
横瀬川
2 真福寺
23 音楽寺
22 童子堂
18 神門寺
4 金昌寺
定林寺 17
西光寺 16
5 語歌堂
ちちぶ
10 大慈寺
今宮坊 14
15 少林寺
11 常楽寺
慈眼寺 13
おはなばたけ
秩父市役所
せいぶちちぶ
関ノ入谷
横瀬町役場
24 法泉寺
7 法長寺
よこぜ
6 卜雲寺
12 野坂寺
9 明智寺
西武秩父線
あしがくぼ
26 円融寺
かげもり
8 西善寺
27 大渕寺
生川
うらやまぐち
28 橋立堂
299 国道
11 県道

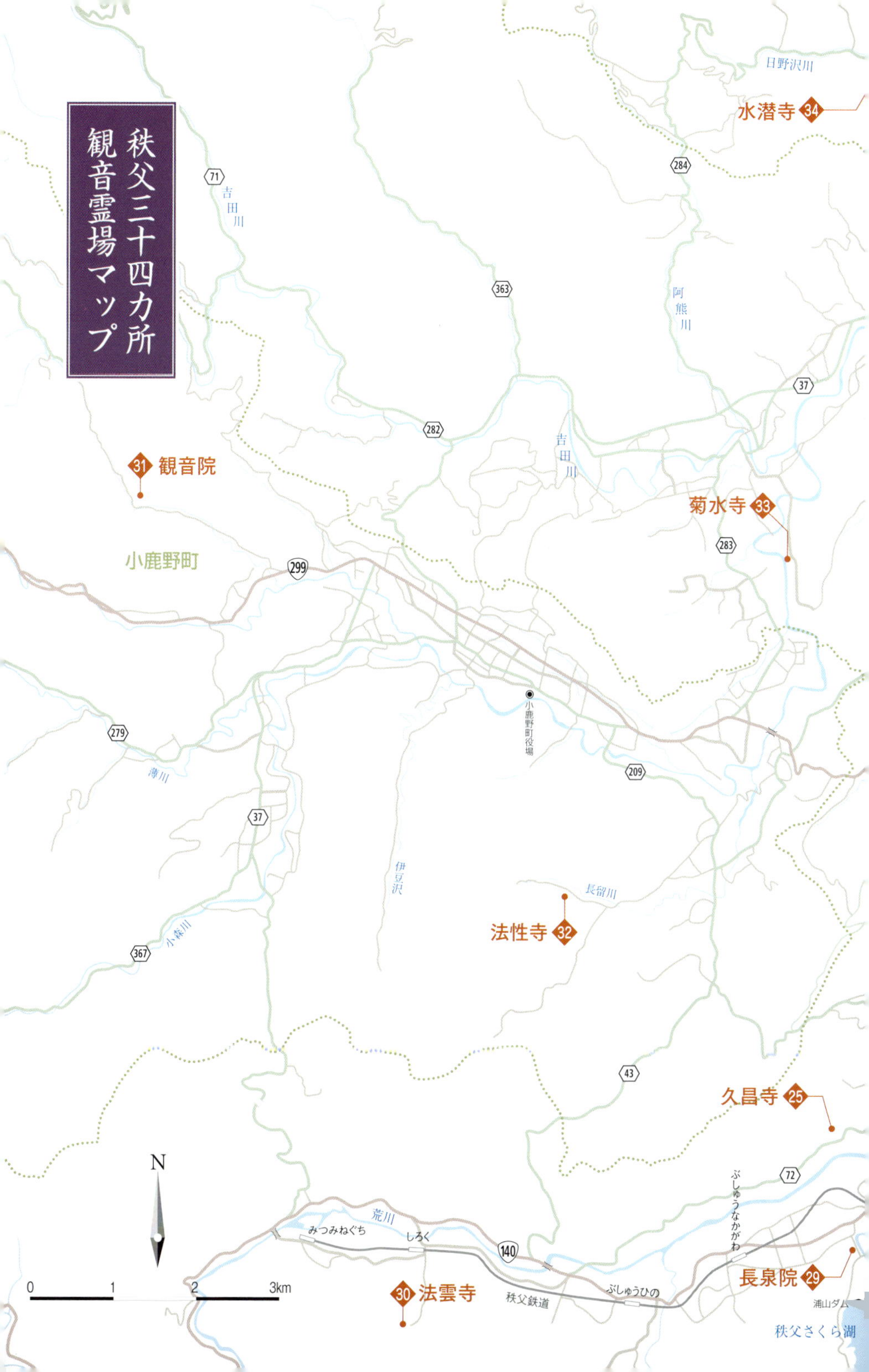
秩父三十四カ所
観音霊場マップ
水潜寺 34
日野沢川
284
71
吉田川
363
阿熊川
37
282
31 観音院
吉田川
菊水寺 33
283
小鹿野町
299
小鹿野町役場
279
薄川
209
37
伊豆沢
長留川
法性寺 32
小森川
367
43
久昌寺 25
N
72
ぶしゅうなかがわ
荒川
みつみねぐち
しろく
140
長泉院 29
0
1
2
3km
30 法雲寺
秩父鉄道
ぶしゅうひの
浦山ダム
秩父さくら湖

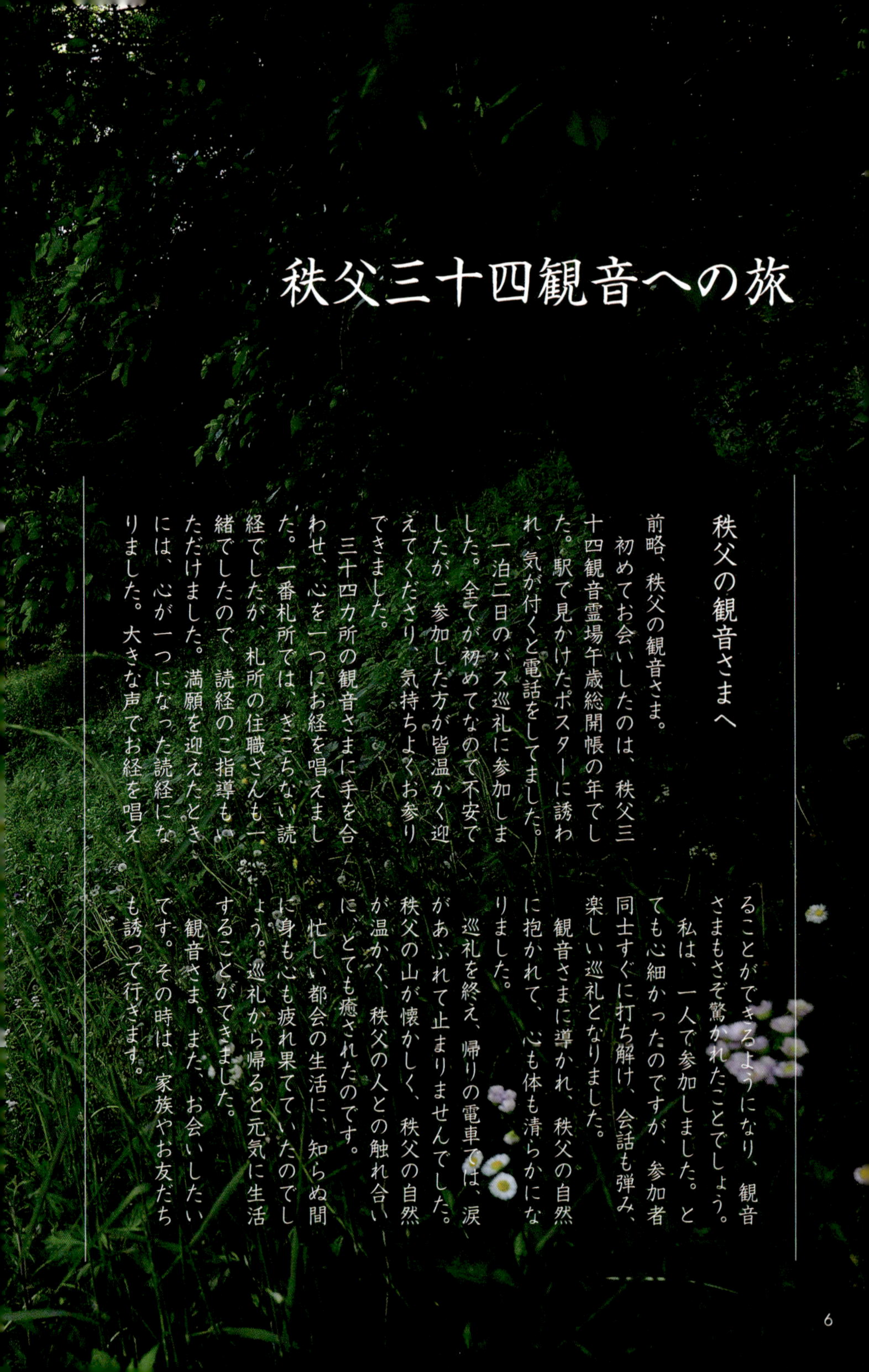

秩父三十四観音への旅

秩父の観音さまへ

前略、秩父の観音さま。

　初めてお会いしたのは、秩父三十四観音霊場午歳総開帳の年でした。駅で見かけたポスターに誘われ、気が付くと電話をしてました。

　一泊二日のバス巡礼に参加しました。全てが初めてなので不安でしたが、参加した方が皆温かく迎えてくださり、気持ちよくお参りできました。

　三十四カ所の観音さまに手を合わせ、心を一つにお経を唱えました。一番札所では、ぎこちない読経でしたが、札所の住職さんも一緒でしたので、読経のご指導もいただけました。満願を迎えたときには、心が一つになった読経になりました。大きな声でお経を唱えることができるようになり、観音さまもさぞ驚かれたことでしょう。

　私は、一人で参加しました。とても心細かったのですが、参加者同士すぐに打ち解け、会話も弾み、楽しい巡礼となりました。

　観音さまに導かれ、秩父の自然に抱かれて、心も体も清らかになりました。

　巡礼を終え、帰りの電車では、涙があふれて止まりませんでした。秩父の山が懐かしく、秩父の自然が温かく、秩父の人との触れ合いに、とても癒されたのです。

　忙しい都会の生活に、知らぬ間に身も心も疲れ果てていたのでしょう。巡礼から帰ると元気に生活することができました。

　観音さま。また、お会いしたいです。その時は、家族やお友だちも誘って行きます。

秩父の観音さまは、いつでもあなたをお待ちしています。仕事が忙しくて時間がないと感じているあなたこそ、観音巡礼が必要です。
秩父は、東京から約2時間です。三十四カ所の札所は、秩父郡市内およそ100kmに点在しています。
巡礼入門者には、最適な霊場です。そして、何度でもお参りできる巡礼の聖地です。あなたとお会いできる日を楽しみにしています。

――秩父札所連合会会長
柴原幸保

――美しき
花と紅葉の札所

■アジサイが初夏の霊場を爽やかに彩る。見ごろは6月初旬(右頁上／第3番　常泉寺)

■八重桜の参道が観音堂へと続く。見ごろは4月中旬～下旬(右頁下／第33番　菊水寺)

■マーガレットが山門の朱に映える。見ごろは5月中旬～下旬(上右／第25番　久昌寺)

■三尺藤のほのかに甘い香りが境内に満ちる。見ごろは5月中旬(上左／第5番　語歌堂)

■鮮やかな色の牡丹が白亜の観音堂を包む。見ごろは5月上旬(左／第15番　少林寺)

■アジサイに包まれて道祖神がほほえむ。見ごろは6月初旬(上／第3番　常泉寺)

■睡蓮に初夏の訪れを感じる。見ごろは5月下旬～6月初旬(右／第25番　久昌寺)

■樹齢約600年のコミネモミジ。紅葉は11月中旬～12月初旬(左／第8番　西善寺)

浄財

――みほとけとの出会い

聖観世音菩薩
第13番　慈眼寺　銅造　江戸時代
（修復・復原）

■一切経蔵に祀られる観音像。金銅像らしい静謐な美を湛える

阿弥陀如来
第18番　神門寺　木造　江戸時代

■大きな螺髪を冠した来迎形の立像。尊顔に強い意志が漲る

仁王（吽形）
第22番　童子堂　木造　江戸時代

■茅葺の仁王門に立つ素朴な造形の仁王像。童子仁王の愛称がある

地蔵菩薩

第4番　金昌寺　木造　鎌倉時代

■手に錫杖を持つ。写実的な衣文表現など、鎌倉彫刻の特徴を示す

飛天

第14番　今宮坊　木造　平安時代

■蓮茎を持ち、跪いて雲に乗る。童子のような表情に心が和む

子安観音

第10番　大慈寺　銅造　江戸時代

■安産や子育ての信仰を集める観音像。衣の流れるような線が美しい

十一面観世音菩薩

第4番　金昌寺　木造　室町時代

■右手に錫杖を持ち、左手に蓮華を捧げる。威厳漂う秘仏の本尊

のどかな
山里の風景をゆく

■小鹿坂峠の地蔵尊。江戸時代の巡礼道の面影をいまに伝える(右頁上／第23番　音楽寺)

■高篠山山麓の道をゆく。畑の土手に咲く菜の花が美しい(右頁右／第4番　金昌寺付近)

■子育て観音像。赤子を見つめる慈愛に満ちた姿に心が癒される(右頁左／第4番　金昌寺)

■標高約400mの岩上に立ち、秩父の山の爽やかな風にあたる(上／第32番　法性寺)

■札所めぐりのあちこちで観音さまの優しい姿と可憐な花に出会う(左／第7番　法長寺)

■八重桜に包まれた参道。素朴なお顔の石仏が巡礼者を迎える（右頁上／第22番　童子堂）

■明治17年（1884）の秩父事件の際に打ち鳴らされた梵鐘（右頁中／第23番　音楽寺）

■琴平丘陵の山中の巡礼道はハイキングコースとしても人気（右頁下／第27番　大渕寺）

■観音堂に掛かる縁起物の人形「さるぼぼ」。地元の方々の手作り（上／第20番　岩之上堂）

■山の緑に佇む石仏。毛糸の帽子は参拝者が奉げたものだろうか（左／第31番　観音院）

column
1

日本百観音と秩父三十四カ所の歴史

十三権者の開創を伝える

観音霊場の巡拝は西国三十三所を嚆矢とする。伝承では10世紀に花山《かざん》法皇《ほうおう》（第65代天皇）が開創したとされているが、実際には平安時代末頃に三十三の札所を巡拝する仕組みができたらしい。その後、鎌倉時代になると、武家が中心となって、西国三十三観音の東国版である坂東三十三観音霊場が成立する。

秩父札所の開創伝承はいくつかあるが、その代表が文暦《ぶんりゃく》元年（1234）に十三権者《じゅうさんごんじゃ》によって開創されたという説だ。十三権者とは、閻魔王《えんまおう》、倶生《くしょう》神《じん》、性空上人《しょうくうしょうにん》、花山法皇、徳道上人《とくどうしょうにん》、医《い》王上人《おうしょうにん》、白河法皇《しらかわほうおう》、良忠僧都《りょうちゅうそうず》、通観《つうかん》法印《ほういん》、善光寺如来《ぜんこうじにょらい》、妙見《みょうけん》大菩薩、蔵王《ざおう》権現、熊野権現である（天照大神《あまてらすおおみかみ》などが入る説もあり）。これら十三権者は、もちろん時空を超えた、信仰上の開創者である。秩父のさまざまな信仰の姿が十三権者として表されたといえるだろう。

実際には、いくつかの系統の修験道が秩父谷に入り、数十に及ぶ観音堂や寺院を、修験者たちが自分たちの基準で選んで巡拝していた時代があったようだ。それが室町時代に整理、統合されて、三十三カ所の霊場が成立した。この「秩父三十三カ所」を示す史料が、長享《ちょうきょう》２年（1488）の札所の番付を記した「長享番付」(第32番法性寺所蔵）である。

江戸から便利な霊場

当初三十三カ所だった札所が三十四カ所に変更されたのは、16世紀前半頃とされる。これは西国と坂東とあわせて百観音霊場を形成し、西国、坂東と肩を並べる全国的な霊場へ躍進することを意図したものという。

こうして江戸時代には秩父三十四カ所として定着し、江戸からの巡拝経路に沿って札所番号も変更された。江戸からは関所を通らずに来ることができ、さらに巡拝日数を含めて10日程度で往復できたため、女性の巡拝者が多いことも特徴である。

秩父三十四カ所の本尊はすべて秘仏であり、原則としては12年に１度の午《うま》歳に一斉に開帳してきた。午歳開帳の年は例年の数倍の巡拝者が訪れるといわれるが、いつ訪ねても美しい自然、素朴な里の風景が迎えてくれるのが秩父札所の大きな魅力といえるだろう。

秩父三十四カ所　札所案内

第4番札所　金昌寺
観音堂の露盤宝珠

第1番

誦経山《ずきょうさん》 四《し》萬《ま》部《ぶ》寺《じ》

宗派　曹洞宗
本尊　聖観世音菩薩

山門と門標。かつては重層の仁王門があったが、明治23年(1890)に門前の旅籠からの出火により焼失。現在の門は昭和5年(1930)に地元の民家の総門を移築したもの

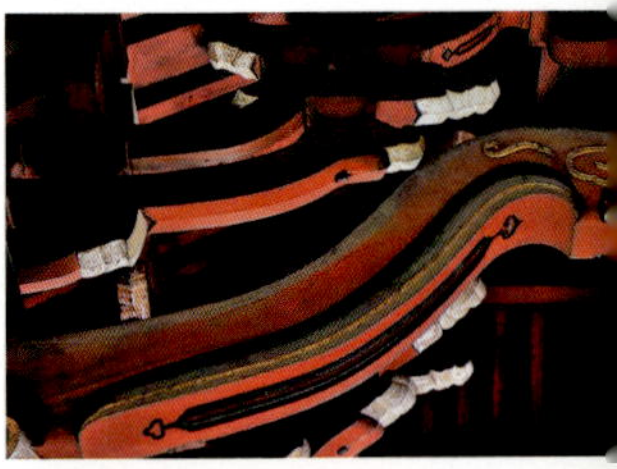

本堂内部の虹梁は美しい曲線を描く。側面には眉とよばれる彫り込みがある

庫裏の屋根の鬼瓦に施された「一番」の文字

秩父の名匠が手がけた朱塗りの重厚な観音堂

四萬部寺は、秩父市の北東に位置し、寺の周囲は長閑な里山の風景が広がっている。山門の傍らに立つ、「日本百番観音霊場　秩父一番四萬部寺」と刻まれた門標を仰いで、三十四カ所めぐりへの気持ちを新たにする参拝者も多いことだろう。

　四萬部という珍しい寺名の由来は、つぎの縁起によるものだ。はじめこの地には、奈良時代の僧、行基《ぎょうき》が感得し

ありがたや
一巻《ひとまき》ならぬ法《のり》のはな
数は四萬部の　寺のいにしえ

豊満な尊顔に威厳が漂う
御前立聖観音菩薩像

観音堂は県指定文化財。向かって左に鐘楼堂が立つ。納経所では巡礼用品を一式揃えられる

法華経を埋納した経塚の上に坐す経塚本尊の釈迦如来。享保18年（1733）に江戸で鋳造された

て刻んだ聖観音菩薩像が祀られていたという。その後、平安時代の中頃に、性空上人《しょうくう》（兵庫県・圓教寺の開基）の遺命によって、弟子の幻通《げんつう》が当地を訪ね、「法華経《ほけきょう》」4万部（四萬部）を書写して地中に埋納したという。山号の「誦経山」は「誦法華経山」に由来するものだ。

　室町時代の長享《ちょうきょう》2年（1488）時点での秩父札所の番付を記した「長享番付」（第32番法性寺《ほうしょうじ》所蔵）では、四萬部寺は第24番札所に連なっているが、

施食殿の八角輪蔵には地蔵菩薩が祀られる。大施食会は毎年8月24日に催される

「地獄之図」には火車に乗せられて連れてゆかれる亡者などが表されている

江戸時代に札所番付の変更によって第1番となる。江戸からの巡拝順路として都合がよいうえに、当寺が札所第1番にふさわしい名刹であったからともいえるだろう。

　境内の奥に立つ観音堂は入母屋屋根の正面に大きな破風を施した重厚な佇まい。江戸時代の元禄《げんろく》10年（1697）の再建で、当時の秩父の名匠、藤田徳《ふじたとく》佐衛門吉久《ざえもんよしひさ》の技によるものだ。入堂することができるので、内部の優れた架構（柱や梁の構造）を鑑賞したい。堂内正面の宮殿《くうでん》（厨子）には本尊の聖観音菩薩が納められており、宮殿の前に本尊の御身代わりである御前立像が安置されている。宮殿に向かって左側には、金色の聖観音菩薩像や銅造の「おたすけ観音」が並び、堂内は厳かな雰囲気に満ちている。堂の外に出れば、軒下に地獄と極楽の情景を表した彫刻が施されており、その巧みな彫技に圧倒される。

　観音堂に向かって右側には、吹き放しの堂宇の中央に八角輪蔵を安置した施食殿《せじきでん》が立つ。餓鬼道に落ちて苦しむ者を救うための法会「大施食会」を行うための堂宇で、全国でも珍しい建築とされる。

開山の瑞山守的大和尚（弘治元年＝1555年寂）ゆかりの座禅石

第1番

誦経山 四萬部寺

DATA

秩父市栃谷418
0494-22-4525
交 西武秩父駅から西武観光バス「定峰・皆野駅（三沢経由）行き」で皆野駅行きは「札所一番」下車すぐ。定峰行きは「栃谷」下車、徒歩3分

第2番真福寺まで徒歩約45分（2.1㎞）。真福寺から納経所の光明寺まで徒歩約35分（2.3㎞）

めぐり来て
願いをかけし　大棚の
ちかいも深き　谷川の水

第2番

大棚山《おおだなさん》 真《しん》福《ぷく》寺《じ》

宗派 曹洞宗
本尊 聖観世音菩薩

鬼婆の願いを叶えた大棚観音の霊験

真福寺は標高655mの高篠山《たかしのやま》の中腹にある。古《いにしえ》の巡礼者は急な山道を登り、「大棚観音」と呼ばれた真福寺へ参拝していた。徒歩の場合はいまも同じだが、車であれば観音堂のすぐ裏まで登ることができる。

観音堂は、明治時代の火災で山上の諸堂が焼失した後の再建。人は常駐していないので扉は閉め切られており、向拝から参拝する。納経所は山麓にあ

観音堂のまわりはシャガが群生し、白い花で彩られる。見ごろは4月下旬～5月初旬

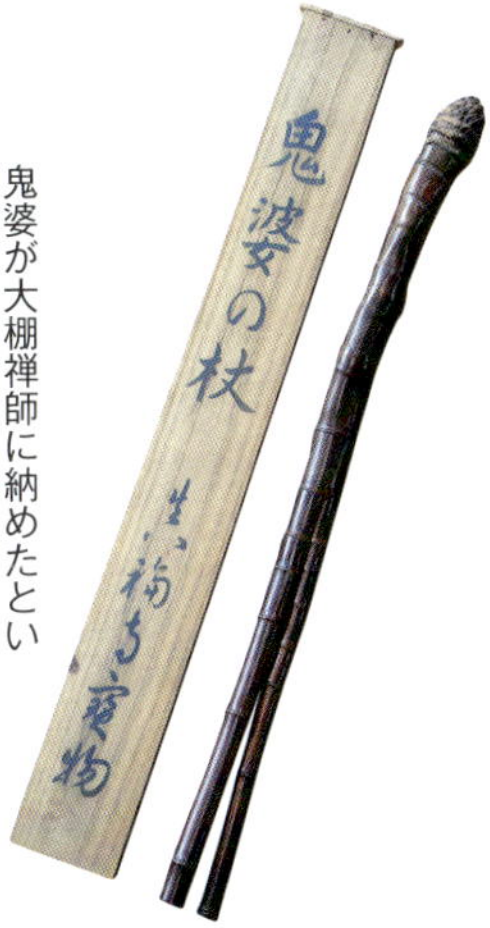

鬼婆が大棚禅師に納めたという竹杖（非公開）。江戸時代の『新編武蔵風土記稿』に図が載っている。長さ約1m

納経所の光明寺は文保2年（1318）に法性国師物外によって創建。大きな本堂の傍らに納経所がある

る別当寺（観音堂を管理する寺院）の光明寺《こうみょうじ》。

観音堂の厨子内に安置される本尊聖観音菩薩像はかつて「鬼丸」という洞窟に安置されていたものという。本尊にはつぎの由緒が伝わっている。真福寺の開基、大棚禅師が鬼丸の洞窟に住んでいると、ひとりの老婆がたびたびやってきては観音像を礼拝した。禅師が老婆に訳をたずねると、その老婆は「自分は悪行を働いてきた鬼婆だが、観音さまと結縁してこの鬼畜の身を脱したいのです」と語った。そこで禅師が鬼婆のために戒を授けると、鬼婆はたいへん喜び、竹杖を布施していずこともなく消えたという。禅師はそののち、観音像を祀る堂宇を建立し、観音の霊跡とした。これが真福寺の縁起であり、鬼婆の竹杖は光明寺に寺宝として保管されている。ご詠歌にある「ちかいも深き　谷川の水」は、鬼婆を救済した観音菩薩の誓願の深さを、山の谷川の深さに譬えたものという。

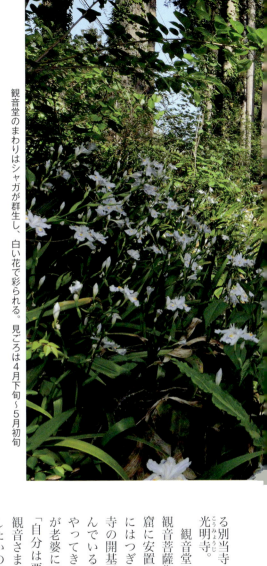

真福寺の観音堂内には縁起物の布製の人形「さるぼぼ」が吊るされている

本尊の御前立像。秘仏の本尊聖観音菩薩は室町時代作で像高は約58㎝

4月上旬頃、観音堂への参道は桜と花桃に彩られ、参拝者の心を和ませる

第2番

大棚山 真福寺

真福寺は秩父三十四カ所において特別な意味をもつ札所だ。西国三十三カ所をはじめ、観音霊場は三十三カ所で構成されることがほとんどであり、秩父札所も当初は三十三カ所だった。それが三十四カ所になったのは室町時代後期とされ、西国三十三カ所、坂東三十三カ所とあわせて百観音の霊場を形成するためだったといわれる。その三十四カ所にするために追加されたのが真福寺なのだ。いくつもの候補寺院のなかで真福寺が選ばれたのは、大棚観音として古くから信仰を集めていたことと、別当寺の光明寺の隆盛によるものと思われる。

DATA

秩父市山田3095（真福寺）／秩父市山田2191（納経所光明寺）☎0494-22-1832（光明寺）交 西武秩父駅から西武観光バス「定峰・皆野駅（三沢経由）行き」で「光明寺入口」下車、徒歩5分で光明寺。光明寺から徒歩約35分で真福寺

◀◀◀ 2番納経所光明寺から第3番常泉寺まで徒歩約16分（1.1㎞）

第3番

岩本山《いわもとさん》

常泉寺《じょうせんじ》

宗派■曹洞宗

本尊■聖観世音菩薩

補陀落《らく》は　岩本寺《いわもとでら》と　拝むべし

峯の松風　ひびく滝津瀬《たきつせ》

常泉寺本堂。
本堂の本尊は薬師如来を祀る

観音堂の向拝には名工・飯田和泉の手による鳳凰や龍の彫刻が施されている

「子持石」。子宝祈願の参拝者が触れるため、表面は光沢を放つほど滑らか

秩父神社から移築した彫刻が見事な観音堂

常泉寺は杉林の丘を背にして立つ。田園のなかの細い一本道を歩いてゆくと、左右に立つ仁王像が参拝者を迎える。本堂は、屋根の勾配が美しい寄棟造の建築で江戸時代の安政《あんせい》5年（1858）の再建。常泉寺の名は本堂前にある井戸に由来する。この井戸の水は干ばつでも干上がったことがないといわれ、昔、住僧が病の際にこの井戸の水で服薬したところまもなく快癒したという。土地の人々も病気になるとこの水を用いるようになり、いつしか「長命水」と呼ばれるようになった。

札所の本尊を祀る観音堂は、本堂に向かって左手の石段を上ったところにある三間四面の堂宇である。観音堂の本尊は行基《ぎょうき》作の伝承をもつもので、当初は現在地より西北の山間にあった岩窟に祀られていたものという。その地は滝が流れる霊境だったとされるが、現在は造成等によって地形が変化したため正確な旧地は明らかではない。この「岩本観音」がいつの時代か別当寺（管理寺院）の常泉寺に移転して、現在の姿となった。御詠歌にある「岩本寺」は岩本観音のことであり、「峯の松風　ひびく滝津瀬」とは、かつて岩本観音のあった山中の情景を詠んだものだ。現在の観音堂は文政《ぶんせい》3年（1820）の建立で、かつて秩父神社境内にあった薬師堂を移築したもの。秩父の名匠藤田吉久の技という。また、向拝に施された彫刻はじつに精細で、観音堂の見どころとなっている。通常、観音堂の入堂は不可だが、正面から本尊を納める厨子と御前立像を間近に拝することができる。

寺宝として知られるのは、本堂の縁に安置されている「子持石《こもちいし》」。丸みがあり、下方がふくらんだ形は身ごもった女性を思わせる。江戸時代の地誌『新編武蔵風土記稿』に「子なきもの、此の石を祈りて応（御利益）ありという」

不動池のアジサイは6月初旬が見ごろ。池の周囲は石仏や石碑が並んでいる

第3番

岩本山 常泉寺

と記されているように、昔から子授け祈願の霊石として信仰を集めている。納経所ではこの子持石の姿を摺った護符を授与している。

境内には不動池があり、池の周囲はアジサイが植えられている。夏には池中に蓮の花が咲いて彩を添える。

御前立の聖観音菩薩像。厳かな雰囲気が漂う尊顔。本尊は室町時代の作という

DATA

秩父市山田1392
0494-23-2050
交 西武秩父駅から西武観光バス「定峰・皆野駅(三沢経由)行き」で「山田」下車、徒歩約10分

第4番金昌寺まで徒歩約20分(1.4㎞)

上／仁王門の大草鞋に健脚祈願する参拝者も多い　左／仁王門楼上は吹き放しになっており、石仏が安置されているのが見える

第4番

高谷山《こうこくさん》 金昌寺《きんしょうじ》

宗派：曹洞宗
本尊：十一面観世音菩薩

飢饉ののちに奉納された１３００体を超す石仏群

秩父市街の東に位置する高篠山《たかしのやま》（標高６５５ｍ）はかつて修験道の活動拠点であった。この山の南西の麓に、石仏の寺として知られる金昌寺がある。

大草鞋が掛けられた朱塗りの仁王門は、秩父札所のなかでも屈指の規模。仁王門をくぐると山の斜面を登る石段が続き、その石段の傍らには小ぶりの石仏がずらりと並んでいる。石段を上ってゆくにしたがい、境内の山の斜面すべてが石仏で埋めつくされている光

あらかたに　参りて拝む　観世音
二世安楽と　誰も祈らん

本尊十一面観音菩薩立像（秘仏）。
寄木造、漆箔で像高は約１ｍ

秋の紅葉に彩られる境内。写真の六角堂は本堂の背後左手に位置する。修験道の開祖・役行者を本尊とする堂宇

本堂内陣の地蔵菩薩坐像。玉眼入りで鎌倉末期の作とされる。内陣は入堂不可で外陣から参拝する

願主が酒での失敗を反省して奉納したという酒呑地蔵。酒樽に坐し、盃を頭に載せている姿が愉快

景に思わず息をのむ。

総数1319体あるといわれるこの石仏群は、江戸時代の秩父を襲った飢饉に由来するものだ。天明《てんめい》3年（1783）に起こった浅間山の大噴火は秩父地方に大量の火山灰を降らせて作物を枯らしてしまい、大飢饉によって多くの人々が亡くなった。この災害ののち、当時の金昌寺の住職、古仙登嶽《こせんとうがく》和尚が千体石仏の造立を発願し、江戸や武蔵国の人々を中心にして石仏が奉納された。石仏のうち年代が刻まれたものは多くないが、18世紀後半を中心に大多数の石仏が造られたものと推定されている。

観音堂は仁王門から見て右手の高台に位置している。本尊の十一面観音像は立像で、室町時代初期の作と考えられている。縁起によれば、かつてこの観音像は高篠山の山中に祀られていたという。おそらく修験者たちの居処のひとつだったのだろう。のちに、このあたりに住んでいた荒木丹下《あらきたんげ》という悪人が観音の導きによって改心し、高篠

子育て観音像。寛政４年(1792)に江戸の吉野屋半左衛門が先祖の菩提を弔うために奉納したもの

山の観音像を山麓の観音堂に祀り、その観音堂はいつしか荒木寺と呼ばれた。その荒木寺がいつしか別当寺（管理寺院）の金昌寺に移転したのが現在の境内といわれる。この経緯から金昌寺は荒木寺または新木寺とも呼ばれる。

観音堂の回廊右手には「子育て観音」として有名な石造の観音像がある。乳房を露わにして赤子に乳を飲ませる姿に祈りを捧げ、そっと像を撫でる人の姿は絶えない。観音堂の右手奥から続く道は山中を周回し、道の周囲には石仏が点在している。石仏のさまざまな表情に奉納した人の祈りを見る思いがする。

第４番

高谷山 金昌寺

DATA

秩父市山田1803
0494-23-1758
交 西武秩父駅から西武観光バス「定峰・皆野駅(三沢経由)行き」で「金昌寺」下車、徒歩5分

第5番語歌堂まで徒歩約20分(1.3㎞)

第5番

小川山《おがわさん》 語歌堂《ごかどう》

宗派 ■ 臨済宗南禅寺派
本尊 ■ 准胝観世音菩薩

観音菩薩が僧に姿を変え 和歌の奥義を伝授

語歌堂は、田園風景のなかに仁王門と観音堂だけがぽつんと立っている。まわりに塀や垣根などはなく、実に長閑な佇まいだ。

語歌堂という珍しい名称には次の縁起が伝わっている。この地の長者で本《ほん》間《ま》孫八《まごはち》という者が、慈覚《じかく》大師（円仁《えんにん》。平安時代の天台宗の高僧）を篤く信仰し、慈覚大師作という准胝《じゅんてい》観音像を奉安するための観音堂を建立したという。

この本間孫八は和歌の道を志していたが、あるとき旅の僧がやってきて観音堂に泊まった。その僧は、夜もすがら孫八に和歌の奥義を語り伝え、明け方になると、いずこともなく消えてしまった。孫八は、「観音さまが旅の僧に姿を変え、和歌の奥義を教えてくださったのに違いない」とおおいに喜び、観音堂を語歌堂と名付けたという。

はじめ語歌堂は、現在地より北へ約300mのところにあったといい、別当寺（管理寺院）となった長興寺が江戸時代の享保《きょうほう》5年（1720）にいまの場所へ移したという。

現在の観音堂は、文化《ぶんか》年間（1804〜18）に再建されたものといわれる。三間四方の宝形造で、正面の一間を吹き放しにしているのは、大勢の人が土足のまま参拝できることを配慮してのことと思われる。堂内正面に本尊を納めた厨子が安置され、平時はその前に、素木彩色の御前立像が安置されている。

西国、坂東、秩父の日本百観音で准胝観音が本尊の札所は、語歌堂と西国第11番の上醍醐准胝堂の2カ所だけである。

御前立の准胝観音像。六臂の像で、池中から伸びた蓮華座を八大竜王の難陀と跋難陀の兄弟竜王が支えている

語歌堂の境内では例年5月中頃に
三尺藤が咲き、甘い香りを放つ

父母の恵みも深き
語歌の堂
大慈大悲の 誓たのもし

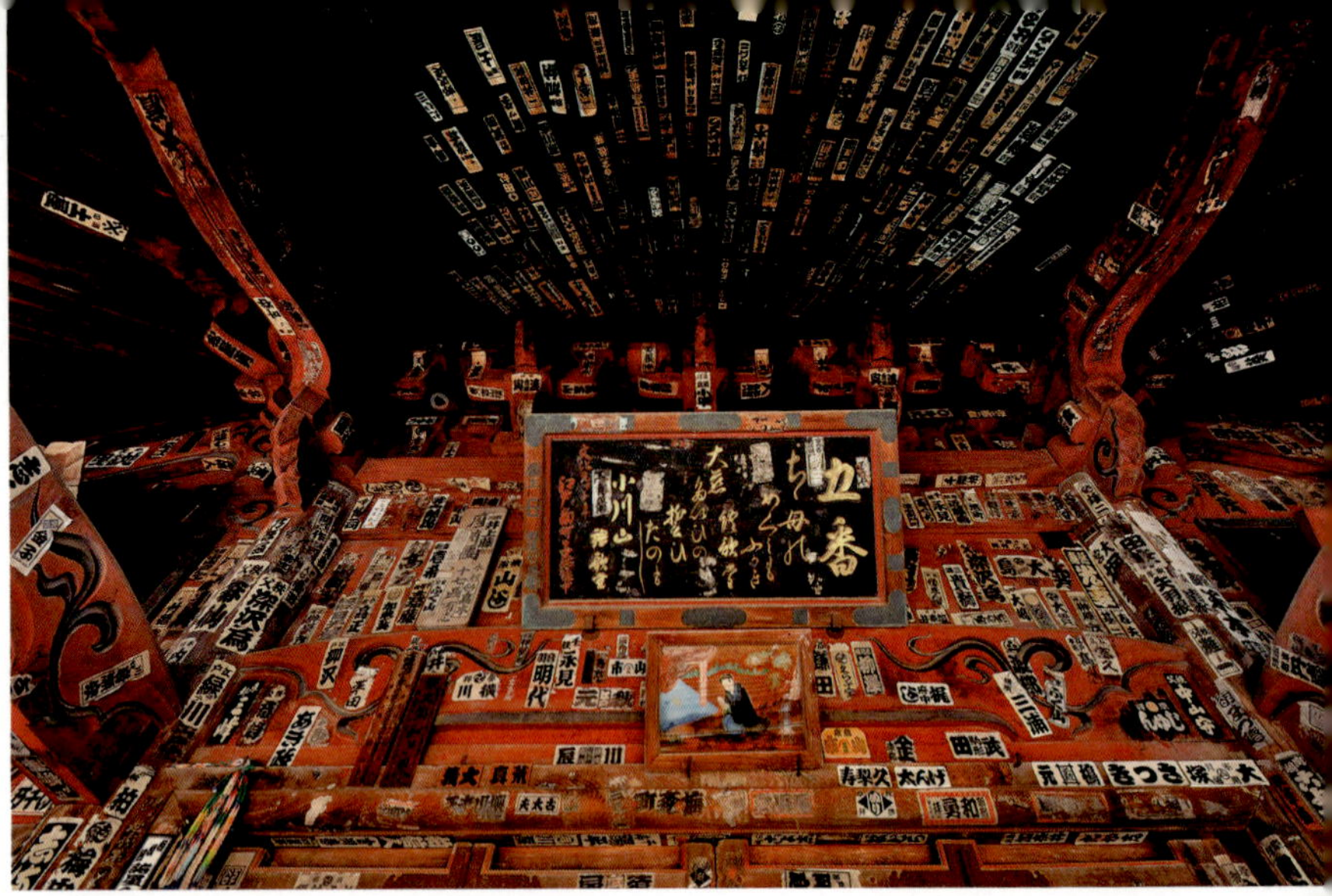

朱塗りの観音堂はびっしりと千社札が貼られている（現在は禁止）。扇垂木や海老虹梁に禅宗様式の特徴を示す

仁王門の裏側はユーモラスな表情の風神（写真）と雷神が祀られている

納経所の長興寺。15世紀に竹印松岩が開創したと伝える。江戸時代初期より語歌堂と第9番明智寺を所管している

第5番

小川山 語歌堂

語歌堂には「子がえしの観音」の霊験譚も伝わっている。昔、信濃（長野県）に老女と一人娘が暮らしていた。ところが、あるとき娘がいずこともなく姿をくらましてしまう。老女は必死に娘を探して秩父に至り、語歌堂のあたりで疲れてまどろんでいると、まばゆいばかりの光明のなかに、娘を抱いた観音菩薩が現れた。じつは娘は悪鬼にさらわれ、観音菩薩によって救い出されたのだった。この霊験を聞いた里の人々は感激し、寄付を募って観音堂を再建したという。素朴な観音堂はさまざまな伝承に彩られている。

DATA

秩父郡横瀬町横瀬6119−2（語歌堂）／秩父郡横瀬町横瀬6086（納経所　長興寺）
0494-23-4701（長興寺）
交 西武秩父駅から西武観光バス「定峰・皆野駅（三沢経由）行き」で「語歌橋」下車、徒歩3分。納経所の長興寺へは、語歌堂から徒歩4分（280m）
第6番卜雲寺まで徒歩約40分（2.7㎞）。第7番法長寺に先に参る場合は、徒歩約30分（1.9㎞）

第6番

向陽山《こうようさん》 卜雲寺《ぼくうんじ》

宗派 曹洞宗
本尊 聖観世音菩薩

初秋《はつあき》に
風吹き結ぶ 萩の堂
宿かりの世の 夢ぞ覚めける

京都の清涼寺本尊の形式を模した
清涼寺式釈迦如来立像。像高92.3㎝

本堂裏から武甲山を望む。本堂は明治9年（1876）焼失後の再建で、庫裏（左）が造り込みになっている

かつて武甲山に祀られていた荻野堂の観音菩薩

境内へ上がる石段の下にある「願い地蔵」。子育延命地蔵として信仰を集める

　卜雲寺は横瀬の町を見下ろす山の中腹にあり、正面に武甲山の雄大な山容を眺めることができる。境内へ至る参道には、「合掌地蔵」や「願い地蔵」と呼ばれる石仏が佇む。

　卜雲寺は荻野堂《おぎのどう》とも呼ばれる。秩父霊場の札所の多くは、観音堂とそれを管理する別当寺という構造になっている。卜雲寺も同様で、もともと荻野堂と呼ばれる観音堂があり、それが卜雲寺の管理下に入ったということだ。

　荻野堂の縁起を絵解きした「荻野堂《おぎのどう》

御前立の聖観音菩薩像。明和5年（1768）の作。卜雲寺の名は開基の卜雲源心庵主の名にちなむという

春の境内は、梅、ツツジ、花桃、桜などに彩られる。地元の方が奉納した「合掌地蔵」が参拝者を迎える

本尊並開基之縁起《ほんぞんならびにかいきのえんぎ》」（天明《てんめい》元年＝1781年制作）によれば、本尊は行基《ぎょうき》（奈良時代の高僧）が武甲山で感得した観音菩薩の姿を刻んだもので、武甲山の山頂に祀られていた。その後、「とが池」という池に棲む大蛇を退散させるための祈願が行われ、観音菩薩の霊験があったため、「とが池」を埋めて観音堂を建立し、武甲山から本尊を移したという。「とが池」の地は、現在地の西北約600mのあたりらしい。

荻野堂の名の由来については、江戸時代後期の『秩父三十四所観音霊験円通伝』につぎのようにある。本尊の観音像は昔、山中の草庵に祀られており、そこには一人の禅僧が長く修行を行っていた。するとあるとき、誰かが和歌を詠む声が聞こえてきた。「初秋に　風吹き結ぶ荻の堂　宿かりの世の　夢ぞ覚めける」。この和歌を耳にして禅僧は、長い間のさまざまな疑念が氷解し、大悟することができた。喜んで声がしたほうへ行ってみると、一株の荻の下に、和歌が綴られた短冊が置いてあったという。そこで禅僧は観音堂を建立して本尊を祀り、観音堂は荻野堂と呼ばれるようになった。

『円通伝』では、荻野堂の具体的な場所は示していないが、おそらく「とが池」を埋めて本尊を移した地だろう。秩父三十四カ所の札所となった荻野堂は、その後焼失したため、宝暦《ほうれき》10年（1760）に本尊を別当寺の卜雲寺に遷座して現在に至る。かつての荻野堂は第5番札所と第7番札所の巡拝路の途中にあったが、現在では、先に第7番を参拝したほうが道順としては都合がよくなっている。

DATA

秩父郡横瀬町横瀬1430
0494-24-6236
交 西武秩父駅から西武観光バス「松枝・長渕・根古屋行き」で「横瀬橋」下車、徒歩約10分

第7番法長寺まで、徒歩約10分（700m）。第8番西善寺まで徒歩約25分（1.6km）

第7番

青苔山《せいたいさん》 法《ほう》長《ちょう》寺《じ》

宗派：曹洞宗
本尊：十一面観世音菩薩

本尊十一面観音菩薩像(秘仏)。右手を上げ、左手に水瓶を持ち、直立した姿。江戸初期の作と考えられている

本堂は入母屋造で、唐破風を施した向拝を付ける

平賀源内が原図を描いた秩父札所で最大の本堂

法長寺の本堂は正面十間、奥行き八間の堂々たる建築で、秩父札所で最大規模のものだ。本堂の前庭は広く開放的で、丹精された植え込みや樹木に気持ちが和む。その植え込みの前に、牛の石像が四肢を折って坐っている。法長寺は別名牛伏堂《うしぶしどう》といわれ、江戸時代後期の地誌『新編武蔵風土記稿』には牛伏堂の由緒をふたつ記している。

本尊十一面観音菩薩は行基《ぎょうき》の作で、行基が観音像を奉安する地を求めて巡錫していたところ、急に像が重くなったため、その地に置いて回国の行に出た。年月を経て、4、5人の牧童が草刈りに来たところ、1頭の牛が現れ、伏して動かなくなった。不思議に思った牧童たちがそこで一夜を過ごそうとすると、夜半に十一面観音が現れて、「ここから坤《ひつじさる》の方角の林中にわれを祀れば、罪深い衆生を救おう」と告げた。

六道《ろくどう》を
兼ねて巡りて　拝むべし
又後《のち》の世を　聞くも牛伏

本堂正面の欄間彫刻。四国八十八カ所第86番志度寺に伝わる、藤原不比等と海女にまつわる縁起物語を題材にしている

朝方になって牧童たちが草を分けて探すと十一面観音像を見出し、お告げのとおりに草庵を結んで観音像を祀ったという。

もうひとつの由緒はこうだ。花園山《はなぞのやま》城《じょう》（埼玉県大里郡寄居町）城主の家臣の男が、生前の悪行によって死後に牛に生まれ変わり、畜生道に落ちて苦しんでいた。そのことを知った妻子が仏に帰依して、男の墓に参ると、霊験によって男は畜生道から離れることができたという。その後、男の墓所は霊跡として信仰を集め、第7番札所に列することになったという。

この由緒にいう牛伏堂は、現在地か

本堂前にある仏足石。武甲山で採石される紫雲石を用いている

本堂内陣天井の花鳥図。平時の入堂は不可だが、2月15日の涅槃会に巨大な涅槃図が堂内に広げられ、参拝できる

本堂内に安置される十一面観音菩薩像。女性的な優しさを湛えた像容

牛伏堂ゆかりの牛の石像。境内には横瀬の熊野宮斎主を務め、村の風紀を正した藤原義明の墓や稲荷社などがある

ら南へ600mほど離れた小字牛伏にあったといわれる。それが天明《てんめい》2年（1782）に火災によって焼失し、本尊は別当寺（管理寺院）の法長寺に移され、そのまま法長寺が札所となった。

本堂は本草学者、戯作者として知られる平賀源内《ひらがげんない》（1728～80）が描いた原図をもとに設計されたといわれる。本堂の内部は、向かって左寄りが本尊十一面観音を祀る仏間で、仏間の右側は欄間で仕切って本坊として利用できる空間をつくりだしている。欄間には同じく平賀源内が原図を描いたといわれる彩色の彫刻が施されている。

DATA

秩父郡横瀬町横瀬1508
0494-22-1921
西武秩父駅から西武観光バス「松枝・長渕・根古屋行き」で「横瀬橋」下車、徒歩7分

◀◀◀ 第8番西善寺まで徒歩約20分（1.2㎞）。第6番まで徒歩約10分（0.7㎞）

第8番

清泰山《せいたいさん》 西《さい》善《ぜん》寺《じ》

宗派：臨済宗南禅寺派
本尊：十一面観世音菩薩

ただたのめ まことの時は きたりむかへん 弥陀の三尊　西善寺

身体の悪いところを撫でるとご利益があるという「撫で佛」とコミネモミジ

西善寺は寛正元年（1460）に竹印昌岩禅師を開山として臨済宗寺院となり現在に至る。本堂は弘化2年（1845）の再建

コミネモミジの前に坐す如意輪観音像。苔むした姿が周囲の自然に溶け込んでいる

秩父札所きっての名木
樹齢600年のコミネモミジ

西善寺のある根古屋《ねこや》の集落は武甲山への登山口であり、西善寺の近くには武甲山山頂に祀られる武甲山御嶽《みたけ》神社の里宮が鎮座している。

西善寺の山門は土手の上にあり、門をくぐって、本堂へ向かって石段を下りてゆく。本堂の正面には樹齢約600年のコミネモミジ（カエデ）が大きく枝を広げている。

本堂は正面六間、奥行き五間の寄棟造で、堂内の上間と下間の欄間には、中国の『二十四孝』（模範となる孝行者を記述した24話からなる書物）のうち8話を題材にした見事な彩色の彫刻が施されている。

本堂の正面奥には本尊十一面観音菩薩が祀られている。西善寺は文化《ぶんか》7年（1810）の火災によって古記録を焼失したため、その草創は詳らかではないが、文暦《ぶんりゃく》元年（1234）年に一人の僧によって開創されたという。開創時の場所や堂宇の様子はわからないが、当初の観音堂は武甲山にあったともいわれる。室町時代の長享《ちょうきょう》2年（1488）の秩父札所の番付を記した「長享番付」（法性寺蔵）には「第三十一番　西禅寺　十一面」とあり、開創から二百数十年の間に、諸堂の建立や現在地への移転などがあったと推定される。

西善寺は寛正《かんしょう》元年（1460）に臨済宗となって現在に至るが、開創当初は天台系もしくは浄土系の寺院であったらしく、寺の本尊としては阿弥陀三尊を、札所本尊としては十一面観音を祀ってきた。本堂に向かって右側の間には、西方極楽浄土から来迎する姿を表した阿弥陀三尊像が祀られている。このように西善寺は観音霊場であるとともに極楽往生への信仰も集めてきた。御詠歌も札所本尊の観音菩薩ではなく、阿弥陀三尊への帰依を詠った内容になっているのが特徴である。

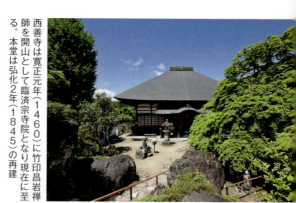

コミネモミジは県指定天然記念物。幹回り3.8m、樹高7.2m、枝幅は南北18.9 m、東西20.6 m(2009年調べ)
コミネモミジなどについての問合せは、西善寺公式ホームページを参照のこと

第8番

清泰山 西善寺

日本の阿弥陀来迎図には、背景に美しい紅葉を描く例が多々みられる。西善寺のコミネモミジも阿弥陀信仰の場にふさわしい樹として大切にされてきたのではないだろうか。その美しさを愛でるとともに霊場の環境を守り伝えてきた歴史に思いを致したい。

コミネモミジの緑陰に六地蔵が並ぶ。深緑の時期も美しい

DATA

秩父郡横瀬町横瀬598
0494-23-3413
西武秩父駅から西武観光バス「松枝・長渕・根古屋行き」で「根古屋」下車、徒歩約10分
第9番明智寺まで徒歩約30分(1.8km)

※11月中旬の紅葉シーズンはコミネモミジ・境内維持管理のため、札所参り・御朱印以外の方は拝観料100円、撮影目的の方は200円(三脚使用の場合は300円)を任意にて志納

お参りの服装と持ち物

菅笠《すげがさ》
輪袈裟《わげさ》
笈摺《おいずる》
(袖なし白衣とも言う)
数珠《じゅず》
手甲《てっこう》
頭陀袋《ずだぶくろ》
(納経帳、経本、納札、ろうそく、線香などを入れる)
ウォーキングシューズ
金剛杖《こんごうづえ》
笈摺《おいずる》
南無観世音菩薩

伝統的な巡礼のスタイルは、白衣に笈摺を重ね、手甲・脚絆《きゃはん》に菅笠をかぶり、地下足袋をはいて杖を持つというもの。白装束は清浄無垢な姿を表しているが、かつての巡礼の旅は、死を覚悟するほど大変なもので、死装束の代わりに身に付けたともいわれている。今では普通の服に笈摺と輪袈裟を重ねるだけの人や、菅笠だけ、という略式の姿の人も多い。

巡礼で一番大切なのは祈る気持ち。自分にあった服装で、清らかな気持ちでお参りしたい。

納札
おさめふだ

秩父三十四カ所霊場の場合、納札の色は白が普通。住所、氏名、年齢、巡拝年月日、願い事などを記入し、本堂または観音堂に納める。

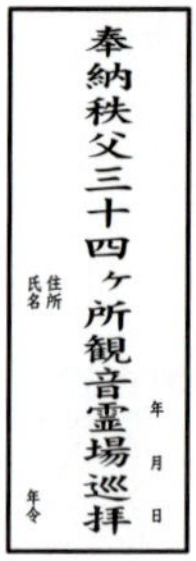

奉納秩父三十四ヶ所観音霊場巡拝
住所
氏名
年 月 日
年令

納経帳 のうきょうちょう
(朱印帳) しゅいんちょう

各札所で観音菩薩に経を納めた(写経もしくは読経)証として、納経所で寺名や御本尊名などの墨書と御宝印(御朱印)をいただくもの。各寺の御詠歌入りのものもある。

参拝の作法

霊場巡りを目的に訪れるのなら、基本的な参拝の手順やマナーは知っておきたいもの。お参りできることへの幸せに感謝しつつ、心を込めてお参りしよう。

1

門前で合掌一礼してから境内に入り、手水場で手を洗い、口をすすいで心身を清める。柄杓は口につけずに手で水を受ける（手水場がない場合は省略可）。鐘楼で鐘を撞く（撞いてよい場合のみ。参拝後は撞かないこと）。納札箱に納札を納め、次に線香、ろうそく、賽銭を献納する。

2

合掌礼拝し、経本（『十句観音経』『般若心経』など）を持って読経。御詠歌を詠唱する。読経の際は、次の参拝者の邪魔にならぬようお堂の正面を避けて左右に寄る。

3

納経所で納経帳や白衣、納経軸などに御朱印をいただき、納経料を納める。帰りも同様に山門で合掌一礼して去る。

第9番

明星山《みょうじょうさん》 明《あけ》智《ち》寺《じ》

宗派 臨済宗南禅寺派
本尊 如意輪観世音菩薩

読経する巡拝者たち。六角堂の本堂は秩父札所で唯一

DATA

秩父郡横瀬町横瀬2160
0494-24-3125
西武鉄道横瀬駅から徒歩約10分

第10番大慈寺まで徒歩約30分。(2.2㎞)

白壁に朱が映える本堂は1990年の再建

孝行息子の願いを叶えた六角堂に祀られる本尊

明智寺は横瀬駅から南東へ歩いて10分ほどのところにあり、六角堂の本堂と納経所の建物が寄り添うように立っている。

江戸後期の『秩父三十四所観音霊験円通伝』が記す縁起には、建久《けんきゅう》2年（1191）に明智《あけち》禅師という僧が如意輪観音菩薩像を請来して堂宇を建立したとある。そののち、天正《てんしょう》年間（1573～92）に、この本尊を信仰する加藤某という武士が、自分の領地に堂宇を建てて本尊を移したところ、旧地に疫病が蔓延して民が苦しんだため、ふたたび元に戻したという。

同じく天正の頃、横瀬の里に兵衛《ひょうえい》という若者と盲目の母親が暮らしていた。あるとき兵衛が明智寺で木の実を拾っていると老僧が現れ、「母親の病を治したいなら、つぎの文を唱えよ」と告げ、「無垢清浄光《むくしょうじょうこう》　恵日破諸闇《えにちはしょあん》」（『観音経』普門品《ふもんぼん》の偈）と口授していずこともなく消えた。兵衛がさっそく母とともに観音堂に籠もって偈を唱えると、まばゆい光を放つ星が飛来して母の額を照らし、母の目が見えるようになった。この霊験を聞いた領主は観音の功徳と兵衛の孝行心を称揚するために、明智寺の山号を「明星山」とし、兵衛に田畑を与えたという。

明智寺の本尊は、一条天皇（第66代天皇）の皇后の難産を救ったという伝承もあり、安産子育ての観音さまとして信仰を集めている。1月16日の縁日には女性の参拝客で賑わう。

巡りきて
その名を聞けば　明智寺《あけちでら》
心の月は　くもらざるらん

御前立の如意輪観音菩薩像。
六臂像で、頬に手をあて思惟する

第10番

萬松山《ばんしょうざん》 大《だい》慈《じ》寺《じ》

宗派■曹洞宗
本尊■聖観世音菩薩

子安観音は金銅仏で寛政6年（1794）の作。赤子のほうに顔を傾けた慈愛の姿で、流れるような衣の表現が美しい

仁王門の左右には木心乾漆造の仁王像を安置する

驕った儒者を改心させた本尊聖観音菩薩の霊験

長閑な里の風景の中、緑に覆われた大慈寺の仁王門と石段の美しい佇まいが心を和ませる。

江戸後期の『秩父三十四所観音霊験円通伝』は、当地の長者が恵心僧都《えしんそうず》源《げん》信《しん》（平安時代の天台僧）作の聖観音菩薩像を請来し、御堂を建立して祀ったと記す。その後、数百年を経て荒廃していたところ、明応《めいおう》２年（１４９３）に東雄《とうゆう》禅師が再興して当山の開祖となったという。

『円通伝』はつぎの霊験譚も伝える。この地に摂州《せっしゅう》（大阪府北部）からひとりの儒者が移り住み、仏教や僧侶を罵っていた。あるとき大慈寺の僧と名のる老人が儒者のもとを訪ねてきた。そこで儒者は老僧に対して論戦を挑み、「観音経普門品《ふもんぼん》に羅刹鬼国《らせつきこく》（凶悪な鬼が住む国）があると説いているが、どこにあるのか言ってみよ！」と怒りを

ひたすらに
頼みをかけよ 大慈寺《だいじでら》
六《むっ》の巷《ちまた》の 苦にかはるべし

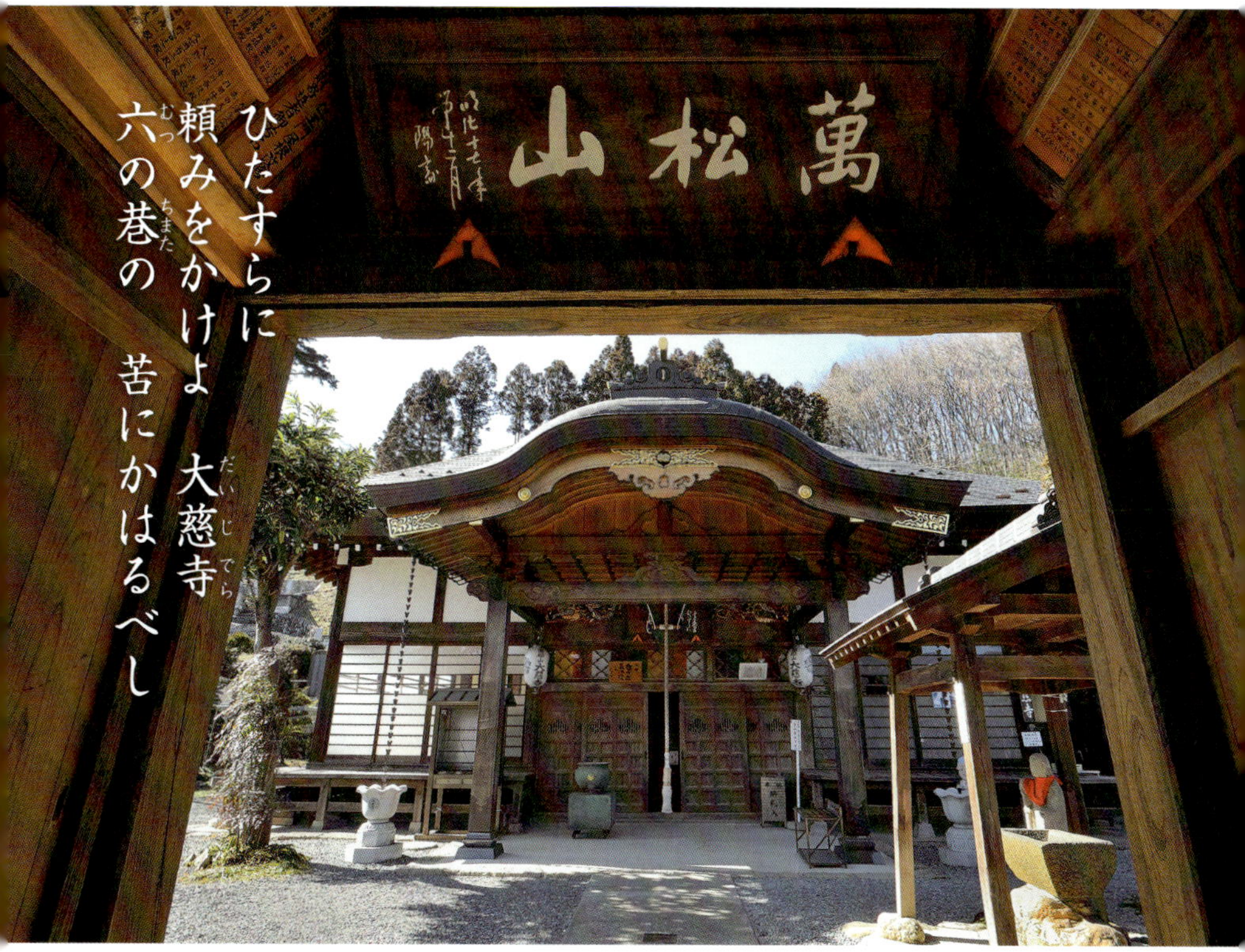

寄棟造の本堂は禅刹らしく力強い佇まい。年代は不明だが江戸時代の建立。正面の向拝から参拝する

あらわにして老僧を威嚇した。すると老僧は儒者を指差し、「それ、おまえが問う羅刹鬼国はここにあるではないか」と笑った。その瞬間、儒者は夢が覚めたような気持になり、老僧を拝そうとしたところ、その姿はなかったという。『円通伝』は、この老僧こそ大慈寺の観音菩薩であろうと述べている。この霊験譚は、ともすれば鬼になってしまう人の心を観音菩薩が気づかせ、正してくださることを説いているのだろう。本堂内の本尊の傍らには、子を抱いた姿の子安観音も祀られる。それゆえか、子育てや安産の祈願に訪れる人も多い。

DATA

秩父郡横瀬町横瀬5151
0494-23-4121
交 西武秩父駅から西武観光バス「定峰・皆野駅(三沢経由)行き」で「札所十番」下車、徒歩2分

第11番常楽寺まで徒歩約15分(1.1㎞)

第11番

南石山《なんせきざん》 常楽寺《じょうらくじ》

宗派 ▪ 曹洞宗
本尊 ▪ 十一面観世音菩薩

元三大師像。1月3日に厄除元三大師縁日が開かれる

丘陵中腹の観音堂に祀られる 病気平癒の霊験を伝える本尊

常楽寺の立つ丘陵地はかつて坂氷《さかごおり》という地名で、札所本尊は坂氷観音とも呼ばれる。江戸後期の『秩父三十四所観音霊験円通伝』によれば、行基《ぎょうき》がこの地に巡錫したおりに、山中の岩上に感得した十一面観音菩薩の像を刻んで祀ったことが草創という。坂氷観音は、江戸時代の元文《げんぶん》年間（1736～40）に、大宮町（秩父市街）から当地に移転した天台宗の常楽寺と合併し、門海《もんかい》上人が開山となった。

本堂は方三間の宝形造で、明治13年（1880）の再建

DATA

- 秩父市熊木町43-28
- 0494-22-2190
- 西武秩父駅、秩父鉄道秩父駅、秩父鉄道御花畑駅からそれぞれ徒歩約15分

◀◀◀ 第12番野坂寺まで徒歩約22分（1.5㎞）

『円通伝』は門海上人にまつわる霊験を記している。門海上人は仁王門建立のために勧進を進めていたが、心身を病んで仁王門の普請も中断してしまった。門海上人が本尊に快気を祈ると、夢に「黄面（黄金の顔）の老僧」が「金剛神」を従えて現れ、「病を治してやろう」と告げた。老僧に命じられた金剛神が門海上人の肩をつかんで引き立てようとしたところ、門海上人ははっと夢から覚め、心身に力が甦っていた。こうして仁王門は無事に落慶し、門海上人もそののち長寿を得たという。

「黄面の老僧」とは観音菩薩であり、「金剛神」は仁王門に祀られる金剛力士（仁王）のことだろう。この霊験譚が広まり、常楽寺は病気平癒、長寿祈願の寺として信仰を集めてきた。

常楽寺は明治初年まで天台宗だったが、廃寺になったのち曹洞宗寺院として再興した。いまも本堂内に、平安時代の天台宗の高僧・元三《がんさん》大師（良源《りょうげん》）の像が祀られている。

つみとがも
消えよと祈る　坂ごおり
朝日はささで　夕日かがやく

本堂正面に秘仏の本尊が祀られ、
御前立像が立つ（入堂不可）

本尊（秘仏）は藤原時代の作。平時は御前立像を安置。明治39年（1906）に本堂は焼失。明治42年に再建が始まり、昭和49年（1974）に大改築により昔の姿に戻った

第12番

仏道山《ぶつどうさん》 野坂寺《のさかじ》

宗派 臨済宗南禅寺派
本尊 聖観世音菩薩

羊山公園を背にして 四季折々の花が競いあう

野坂寺は羊山《ひつじやま》公園の西麓に位置している。ゆるやかな坂になっている参道を歩いてゆくと、重層入母屋造の山門が参拝者を迎える。山門の左右は禅宗寺院らしく花頭窓になっていて、内部に十王像を安置する。

山門に足を踏み入れると、大きな牛の彫像があり、その背には観音菩薩が坐している。「十牛観音」と呼ばれるこの像は、地元の篤信者である高橋敬

老いの身に
苦しきものは　野坂寺《のさかでら》
いま思い知れ　後《のち》の世の道

山門は寛保元年（1741）の建立。
太い丸太柱を使用した簡潔で重厚な佇まい

山門の十王像。人は死後に、十王尊によって6回の予審を行ない、7回目に極楽か地獄行きを決められるという

手水舎の観音像。水瓶から水が流れ出ており、心身が清まる思い

秀氏が制作して寄贈したもので、牛の毛並みまで丁寧に表現した見事なものだ。高橋氏が制作した仏像は境内の「十三仏堂」にも祀られている。

野坂寺は室町時代中期（1450〜70）頃に、現在の野坂寺の裏山に「野坂堂」と呼ばれる観音堂が建立されたのが草創という。

江戸後期の「秩父三十四所観音霊験円通伝」はつぎの縁起を記す。昔、甲斐国（山梨県）の商人がこの地で山賊に襲われたとき、一心に観音菩薩を念じると、肌身につけていた守り袋が光明を放ち、山賊を退散させることができた。何年かのちに、商人がふたたび当地を訪れると、かつて自分を襲った山賊の頭が僧となって、小さな庵を結んで修行していた。そこで商人は故郷から運んできた観音像を安置して堂を建立し、堂守としてその僧を住まわせたという。江戸時代初期の慶安《けいあん》4年（1651）、臨済宗の啓室達《けいしつたつ》和尚は、荒れ果てていた野坂堂を再興し、その別当寺（管理寺院）として、現在の寺から少し離れたところに野坂寺を建立、正《しょう》宗大興《しゅうだいこう》禅師を開山に迎えた。さらに寛《かん》

本堂に祀られる聖観音像。堂内にはほかに薬師三尊、子安観音なども祀られる

ふれあい観音。冬に触れても温かく、身体の悪いところに触れる参拝者も多い

本堂裏の池泉庭園は二段の滝から水が流れ落ちている。ツツジなどが咲き、四季折々の美しさがある

保《ぽう》元年（1741）に六世佛海《ぶっかい》和尚が、現在地に野坂寺を移転するとともに野坂堂も合併して現在の姿となった。野坂堂の旧地には現在、地蔵尊が祀られている。

　野坂寺は花の寺として知られる。春は椿や枝垂桜、初夏にはアジサイ、花蓮、藤、ツツジなど、そして秋は萩の花が境内を彩る。本堂は入堂することができ、広い堂内には読経用の木魚が並んでいる。

　年中行事に8月16日の灯篭供養がある。1500霊の灯篭に火を灯し、同時に花火供養が行われる。

第12番

仏道山
野坂寺

DATA

秋父市野坂町2-12-25
0494-22-1608
西武秩父駅から徒歩約12分、秩父鉄道御花畑駅から徒歩約15分

第13番慈眼寺まで徒歩約18分（1.4㎞）

第13番

旗下山《きかざん》 慈眼寺《じげんじ》

宗派 曹洞宗
本尊 聖観世音菩薩

本堂は第1番四萬部寺本堂を模して再建されたという。本堂前の枝垂桜は例年4月初旬頃が花の見頃

「め」の字が書かれた絵馬。本堂前にメグスリの木がある

本堂内陣。格天井の鏡板に花鳥、動物などが彩色で描かれている

かつて「壇之下」と呼ばれた眼病平癒で知られる札所

慈眼寺は西武秩父駅、秩父鉄道の御花畑駅に近く、秩父市街地の札所めぐりの起点として便利だ。山門を入ると正面奥に三間四方の本堂が立つ。明治11年（1878）3月に発生した秩父大火では約450軒の家屋が焼失したが、このとき慈眼寺の本堂も罹災し、現在の本堂は明治34年（1901）の再建である。

境内には一切経を納めた六角輪蔵を

御《み》手《て》に持つ
蓮のははき　残りなく
浮世の塵《ちり》を　はけの下寺《したでら》

一切経蔵の金銅観音菩薩坐像。
江戸中期作の像を修復・復元した

一切経蔵の1630巻の経典は、江戸の旅籠主人・中野屋治郎兵衛が宝暦５年（1755）に寄進したもの

一切経蔵に祀られる十三権者像のうち性空上人。錫杖、三鈷杵を手に持った修験者の姿をしている

安置する一切経蔵があり、六角輪蔵は手押しで回すことができる。一切経蔵内には阿弥陀如来立像、観音菩薩坐像、そして秩父札所を開創した性空上人ら十三権者の像を祀る。

江戸後期の『秩父三十四所観音霊験円通伝』には「第十三番　ハケノシタ」とあり、当山は日本武尊《やまとたけるのみこと》が東国征討のおりに旗を立てたことから「旗の下」といったのを、年を経て人々が本来の意味を忘れて、「ハケの下」と呼ぶようになったと記す。

向拝の「玉扈（ぎょくし）弾琴」の彫刻。玉扈は中国の伝説の女性で、龍に乗り四海を遊んだという

長享《ちょうきょう》2年（1488）の「長享番付」では、「四番　壇之下《はけのした》　正観音」とあり、この「壇之下観音」は現在の慈眼寺のすぐ南にあったと推定されている。慈眼寺は台地から下ったところにあり、西武秩父駅から慈眼寺へ歩いてゆくとその地形がよくわかる。秩父地方では崖のことを「はけ」ということから「崖の下」は「はけのした」となる。当初の札所名はその地形に由来するもので、『円通伝』にいう縁起は、秩父にゆかりの深い日本武尊の伝承を取り込んで作られたものだろう。

　別当寺（管理寺院）としての慈眼寺は文明《ぶんめい》18年（1486）に東雄朔方《とうゆうさくほう》を開山、高野某を開基として創建された。寛文《かんぶん》年間（1661～73）に「壇之下観音」を境内に移して札所寺院となり、現在に至る。

　慈眼寺は「目のお寺」としても有名だ。一切経蔵の隣に立つ薬師堂の本尊薬師如来は眼病治癒に霊験があるとされ、7月8日の縁日は「あめ薬師」と呼ばれ、多くの露店が出て賑わう。本堂前にメグスリノキ（ムクロジ科カエデ属の落葉樹）があり、納経所ではメグスリノキの成分を用いた茶や飴を授与している。

一切経蔵の阿弥陀如来立像。かつて境内にあった札堂の中尊として祀られていた像と思われる

DATA

- 秩父市東町26-7
- 0494-23-6813
- 交 西武秩父駅から徒歩5分、秩父鉄道御花畑駅から徒歩2分

◀◀◀ 第14番今宮坊まで徒歩8分（0.6km）

第14番

長岳山《ちょうがくさん》 今宮坊《いまみやぼう》

宗派：臨済宗南禅寺派
本尊：聖観世音菩薩

DATA

秩父市中町25-12
0494-22-0828
西武秩父駅から徒歩約13分、秩父鉄道御花畑駅から徒歩約10分

◀◀◀ 第15番少林寺まで徒歩約12分（0.7㎞）

観音堂は宝永6年（1709）再建。傍らに勢至菩薩堂が立つ

往時の隆盛を物語る平安時代の飛天像

第13番慈眼寺の前の道をまっすぐ西へ進むと、ゆるやかな下り坂になる。この道を北に折れた住宅街のなかに今宮坊はある。十返舎一九《じっぺんしゃいっく》作の『諸国道中金《かね》の草鞋《わらじ》』に、「はけの下（慈眼寺）よりすこしゆきて大宮の町なり。この所は商人多く、いたって繁盛の所、秩父第一の町なり」とあり、江戸時代は慈眼寺から今宮坊に至る通りが目抜き通りであったことがわかる。

今宮坊は長岳坊《ちょうがくぼう》（984年没）という修験者を開山とする寺院で、正式には長岳山正覚院金剛寺《しょうがくいんこんごうじ》と称した。その後、今宮坊は八大権現社《はちだいごんげんしゃ》という神社の別当寺（管理寺院）となり、八大権現社の境内に札所の観音堂も立っていた。しかし、明治初年の神仏判然令によって八大権現社は今宮神社となって、今宮坊と分離する。さらに修験道廃止の政令によって今宮坊は廃されて、観音堂のみがその名を留めるに至った。今宮神社は現在の今宮坊から東へ約130mのところに鎮座し、推定樹齢1000年以上の「駒つなぎの欅《けやき》」（天然記念物）がある。

観音堂は三間四面の宝形造。本尊の聖観音菩薩は、修験道開祖の役行者《えんのぎょうじゃ》がつかわした童子の導きによって空海が刻んだとの伝承をもつ。この伝承は、今宮坊が当初は真言系の修験道場であったことを示唆するものだろう。堂内には平安時代後期の作とされる優美な飛天像が安置されている。今宮坊の長い歴史を伝える古像である。

堂内にある白馬の絵馬は狩野玉栄筆で明和元年（1764）作

昔より
立つとも知らぬ　今宮に
参る心は　浄土なるらん

飛天像は像高30.3㎝で金箔が残る。
堂内拝観は納経所に申し込む

◆秩父三十四カ所◆

旅のおともいろいろ

札所で授与されるお守りや巡拝用品には
そのお寺の縁起や御利益にゆかりのあるものが多い。
観音さまと出会う旅にいつも携えたい。

秩父眼茶

第13番　慈眼寺

メグスリノキを原材料にした、飲む「め」のお守り。「TOKYO & AROUND TOKYO ブランド」（国土交通省関東運輸局）認定品

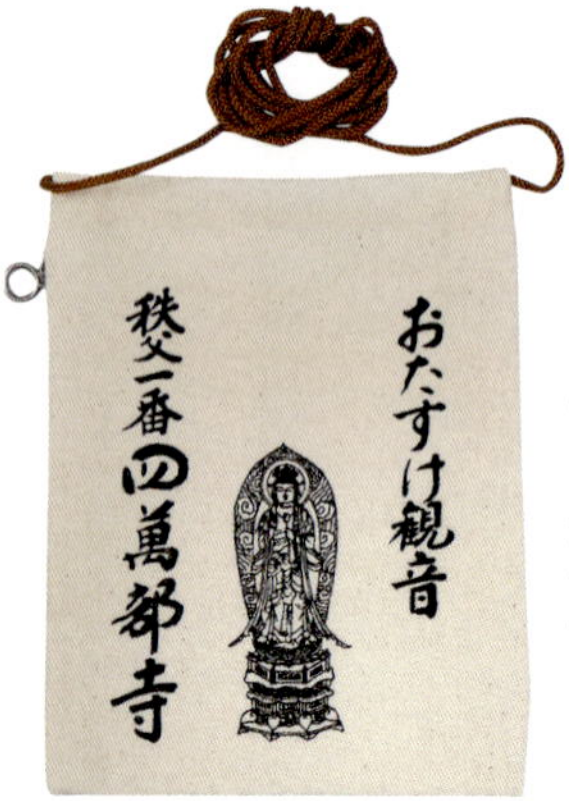

福財布

第1番　四萬部寺

本堂の「おたすけ観音」は生命や願望をお助けくださる観音さまとして信仰を集める

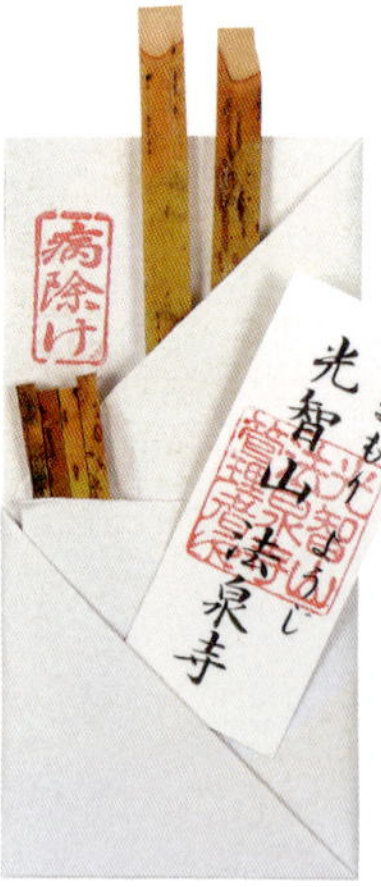

おまもりようじ

第24番　法泉寺

「恋ヶ窪」の遊女が観音さまを信じて楊枝を用いたところ口の病が癒えたという由来

秩父霊場結願成就メダル

第34番　水潜寺

表に本尊千手観音菩薩、裏に秩父三十四カ所の札所名を表す。結願した者のみに授与

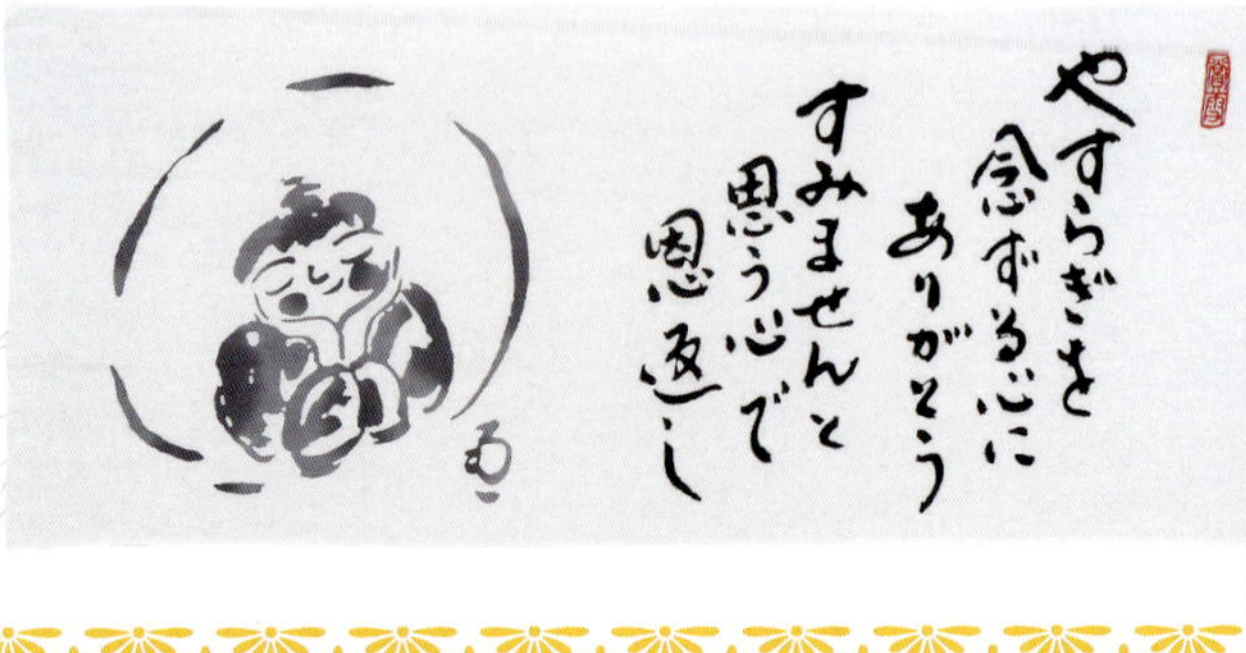

てぬぐい

第15番　少林寺

心温まる書と童子の絵は、臨済宗妙心寺派元管長の河野太通老大師の筆によるもの

元三大師絵馬
第11番　常楽寺

元三大師が修法中に鏡に映った姿を写させた「角大師」を表す。厄除けの信仰を集める

子育て観音タオル
第4番　金昌寺

観音堂の子育て観音像が編み出されている。幼子のいる女性への贈り物にもおすすめ

てぬぐい
第22番　童子堂

阿吽の仁王像を左右に配し、中央に仁王門を描く。御朱印を受けることができる

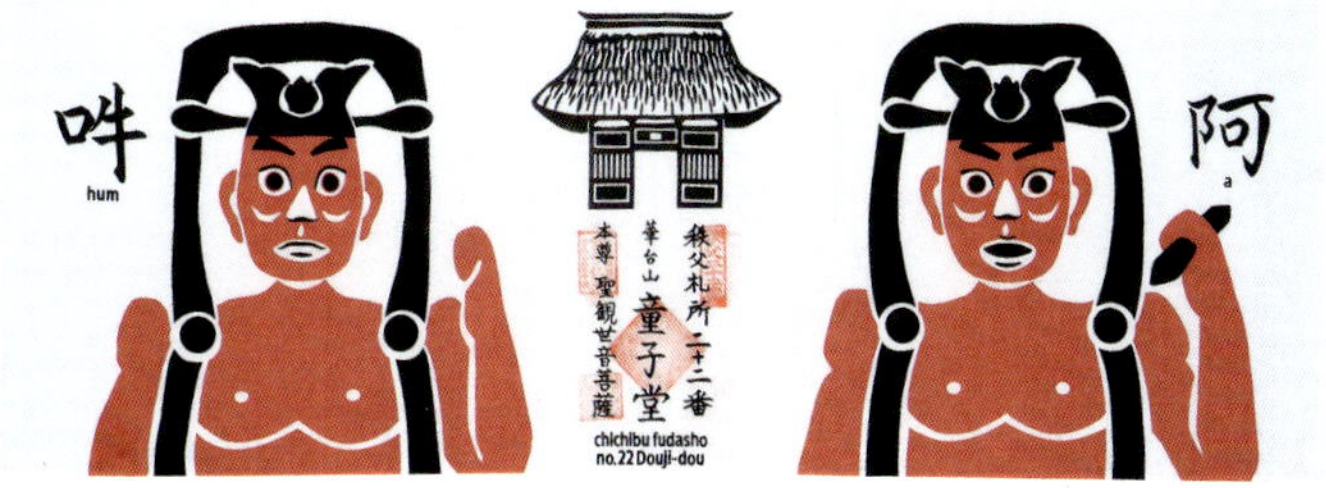

南無ちゃんバッグ
第32番　法性寺

合掌する姿の「南無ちゃん」は法性寺御住職が描いたもの。御朱印帳入れにもぴったり

牛伏堂ゆかりのお守り
第7番　法長寺

牛が伏せて動かなくなった地に観音が現れた縁起による。携帯ストラップ護符にもなる

御朱印帳
第8番　西善寺

表紙は樹齢約600年のコミネモミジの紅葉。背面は深緑のコミネモミジ。48頁綴り

第15番

母巣山《ははそさん》 少林寺《しょうりんじ》

宗派 臨済宗建長寺派
本尊 十一面観世音菩薩

漆喰塗籠の本堂に 色鮮やかな牡丹が映える

秩父神社参道の番場通りは、石畳が敷き詰められ、周辺には大正後期から昭和初期にかけての建物が数多く残っている。

この番場通りを秩父神社に向かって歩き、途中から右に折れて秩父鉄道の踏切に出ると、石段の上に少林寺の白亜の本堂が見える。旧本堂が明治11年（1878）3月の秩父大火で焼失したため、耐火性に優れた漆喰塗籠（土蔵造り）で再建したものという。本瓦葺入母屋造で、一見すると城を思わせる外観だが、向拝の柱や軒下にめぐらされた庇は洋風で、明治時代のハイカラな文化の香りを漂わせている。

本堂内部、本尊の厨子を安置する仏間の柱に施されている龍の彫刻は、秩父夜祭（秩父神社例祭）の屋台に施されていたもので、須弥壇の欄干の金具にも屋台の金具が転用されている。

少林寺は明治時代に札所となった寺院である。正確にいえば、第15番札所を継承した寺院である。御詠歌にあるとおり、もともと第15番札所は母巣山《ははそさん》蔵福寺《ぞうふくじ》という寺院だった。山号の母巣とは、秩父神社の鎮守の森「柞《ははそ》の森」のことで、蔵福寺は秩父神社の社地内にある神宮寺（神社に付属する寺院）であった。蔵福寺は本堂のほかに観音堂があり、観音堂に札所本尊の十一面観音菩薩を祀っていた。それが、明治の神仏判然令によって蔵福寺は廃寺となってしまう。

境内の大権現社は鎌倉の建長寺から勧請した半僧坊(天狗)を祀る。物事の成就の祈願にご利益があるという

みどり子の
母巣《ははそ》の森の　蔵福寺《ぞうふくじ》
ちちもろともに
ちかひもらすな

例年5月上旬に、黄、赤、白、ピンクなど
さまざまな色の牡丹が咲き誇る

本堂内は秘仏本尊、御前立像、達磨大師像などが祀られる。向拝天井に貼られた千社札には横綱大鵬のものがある

仏間の龍の彫刻は、屋台の欄干下に施されていたものと思われる

須弥壇の欄干の金具に表された「本」の字。本町(もとまち)地区が所有する屋台の欄干を飾ったものとわかる

こうして第15番札所が廃絶するという事態となったが、地元の人々や秩父札所の巡拝者らの熱心な請願によって、少林寺が第15番札所を受け継ぐことになった。少林寺は、もとは五葉山《ごようさん》少林寺といい、南西へ２５０ｍほど離れたところ（東町）にあったが現在地に移転し、札所となるにともなって蔵福寺山号の母巣山を継承した。

　少林寺の境内はまるで花園のようだ。かつては福寿草が多いことで知られたが、近年は「黄冠《おうかん》」をはじめとした多種の牡丹の植樹が行われて、牡丹の寺として面貌を新たにしている。境内南側の枝垂桜も丹精されていて見事な枝ぶりである。

DATA

秩父市番場町7-9
0494-22-3541
交 西武秩父駅から徒歩8分、秩父鉄道秩父駅から徒歩5分、御花畑駅から徒歩4分

◀◀◀ 第16番西光寺まで徒歩約15分(1.1km)

第16番

無量山《むりょうさん》 西光寺《さいこうじ》

宗派 ■ 真言宗豊山派
本尊 ■ 千手観世音菩薩

西光寺
誓いを人に 尋ぬれば
ついの住家《すみか》は 西とこそ聞け

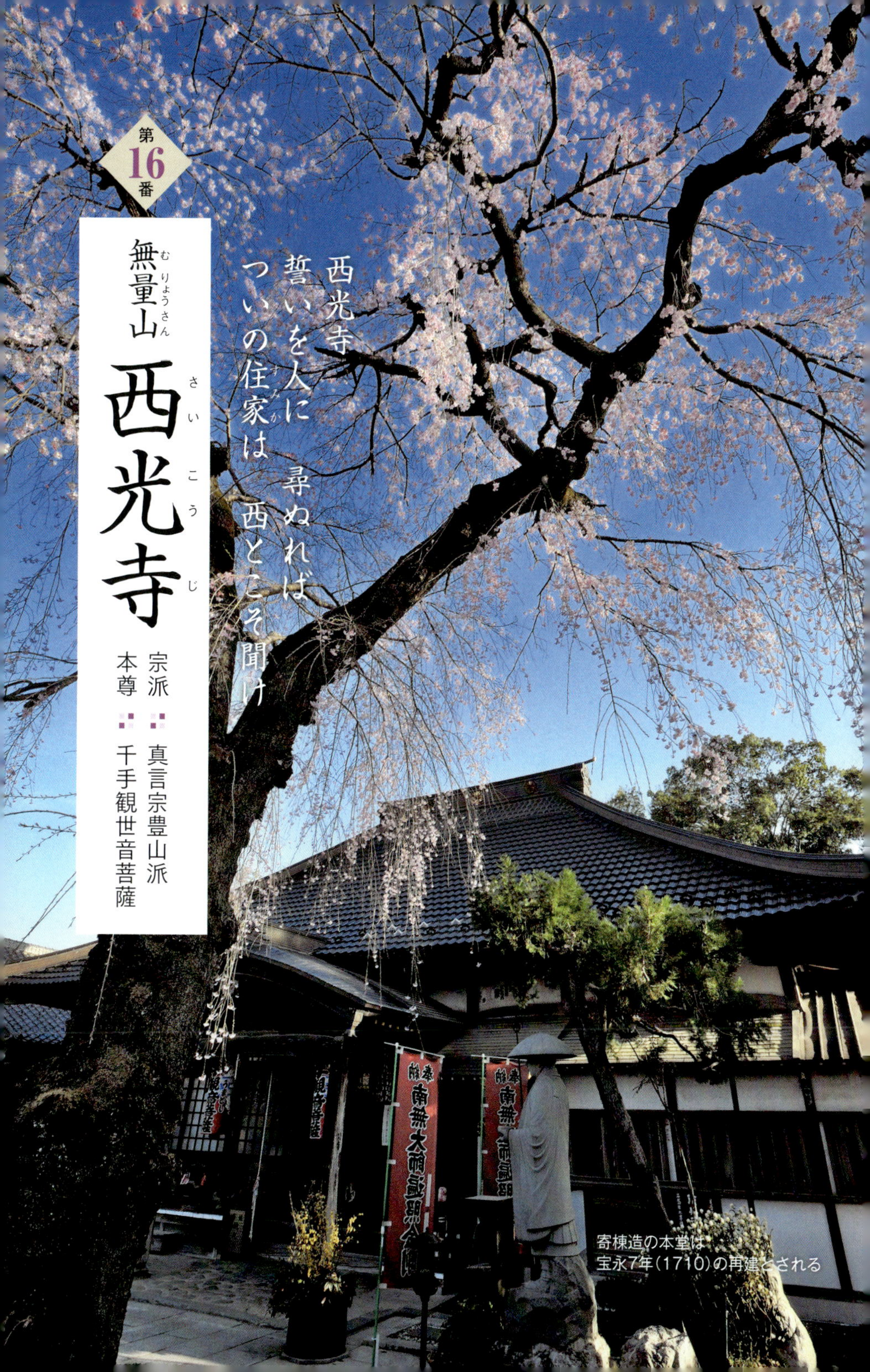

寄棟造の本堂は
宝永7年（1710）の再建とされる

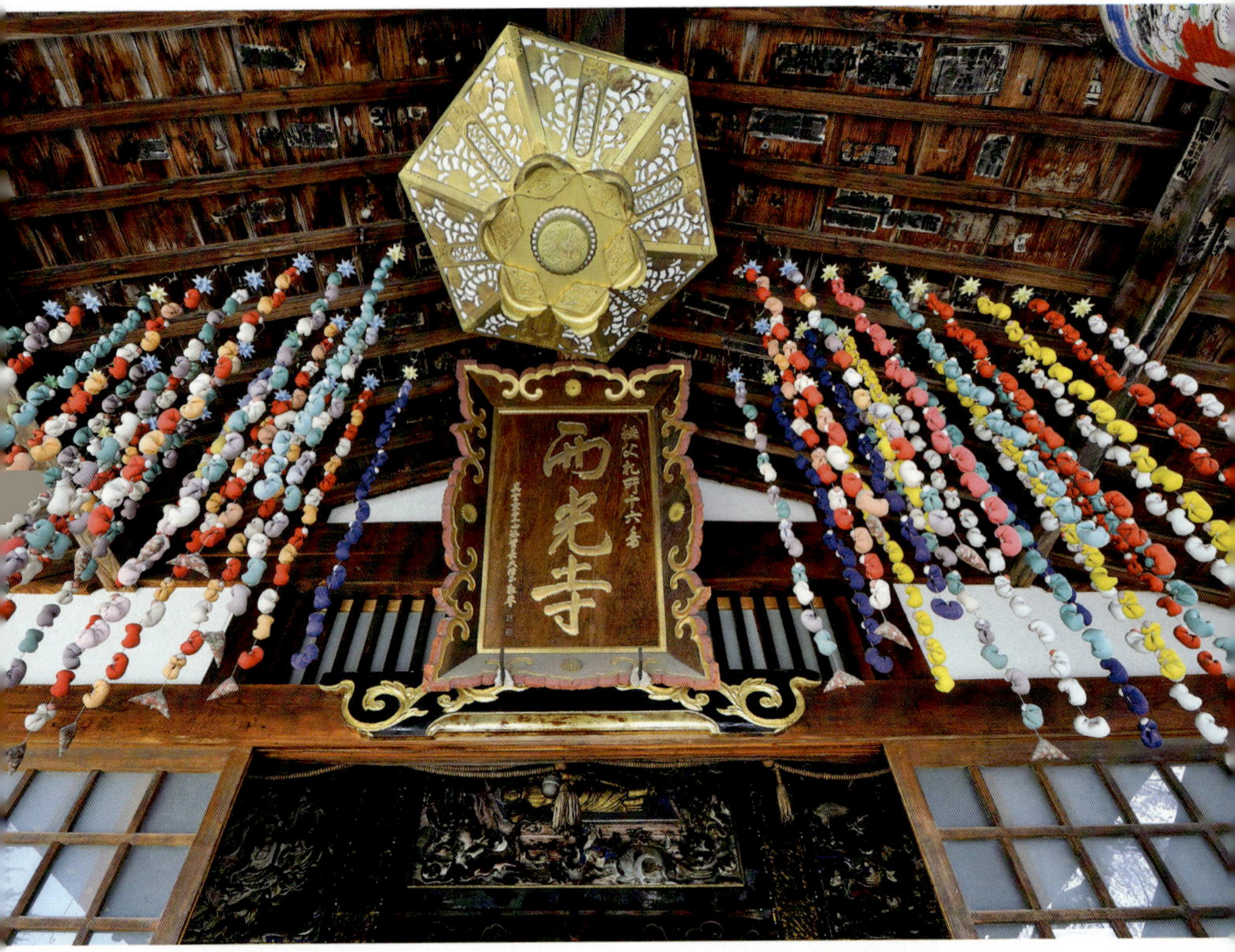

欄間の正面は釈迦涅槃像の極彩色の彫刻が施され、その左右は十大弟子が彫られている

観音信仰と大師信仰が息づく真言宗の札所

御前立の千手観音立像。堂内には弘法大師像、愛染明王像も祀る（入堂不可）

西光寺の参道は梅の並木道になっていて、春の巡礼に彩りを添える。「無量山」の扁額が掛かる山門をくぐると、正面九間、奥行き六間の本堂がどっしりと鎮座している。本堂に向かって右側には、管笠をかぶり、錫杖を持った修行大師、すなわち真言宗の開祖弘法《こうぼう》大師空海《だいしくうかい》の石像が立つ。

長享《ちょうきょう》2年（1488）の秩父三十四カ所の番付を記した「長享番付」では「十三番　西光寺　千手」とあり、このときすでに寺院としての体裁を整え

回廊堂に並ぶ四国八十八カ所の写し本尊。境内には大きな酒樽を堂宇にした大黒堂もあり、財福祈願の信仰を集めている

札堂は秩父札所で最古の建築ともいわれている。堂内に十一面観音坐像を祀る

ていたことがわかる。江戸後期の『秩父三十四所観音霊験円通伝』には、古くは別の郡にあったが、兵乱によって寺が荒廃し、世が静まったのちに当地に移ったと記されている。このことから、長享2年の頃、どこか別の場所にあった西光寺が戦国時代に荒廃し、江戸幕府が開かれてから現在地に移ったとも考えられる。

その歴史の一端を伝える堂宇が、境内右手にある札堂《ふだどう》だ。三間四方の小さな堂で、札堂とは納札を納める堂のこと（現在は本堂前の納札箱に納める）。この堂がかつて札所本尊を祀っていた観音堂といわれている。修理を施されてはいるが、建築年代は室町時代に遡るとされる。現在の納札は紙が一般的だけれども、かつては木版や金属板が納札に用いられ、観音堂や札堂の柱などに釘で打ち付けた。札所を参拝することを「打つ」というのはこのためである。この札堂の柱にはかつて打たれた釘がいまも多数残っており、古《いにしえ》の巡礼のありさまを目の当たりにする思いがする。

札堂の背後を巡っているコの字型の建物は回廊堂といい、四国八十八カ所の本尊の写しを安置している堂宇である。18世紀後期に発生した浅間山噴火や天明《てんめい》の飢饉ののち、後難除けの祈願をこめて建立されたものという。回廊の通路は、床下に四国八十八カ所の各札所の砂を埋納した「お砂踏み」になっており、四国遍路巡拝の功徳を得られるとの信仰がある。

観音信仰と弘法大師信仰が調和した境内は和やかな雰囲気に満ちており、諸堂をゆっくり参拝したい。

DATA

住 秩父市中村町4-8-21
☎ 0494-22-4444
交 秩父鉄道秩父駅から徒歩約12分、西武秩父駅から徒歩約25分

◀◀◀ 第17番定林寺まで徒歩約18分（1.3㎞）

第17番

実正山《じっしょうさん》 定《じょう》林《りん》寺《じ》

宗派 曹洞宗
本尊 十一面観世音菩薩

梵鐘は宝暦8年（1758）の鋳造。日本百観音の本尊と御詠歌が浮き彫りにされた珍しいもの。子を捨てた女が観音の導きによって悔い改めて奉納したという由来がある

観音堂内部の上部壁面に描かれた松鶴の図

林寺とも称される
室町時代の第一番札所

定林寺は住宅地のなかに畑が点在する静かな環境にある。細長い参道を歩いてゆくと、周囲から一段高くなったところに定林寺の観音堂が立っている。観音堂は四間四方の宝形造で、中央の方二間を内陣として、その周囲は吹き放しの回廊になっている。多くの参拝者を堂内に誘《いざな》う開放的な構造である。

長享《ちょうきょう》2年（1488）の「長享番付」で定林寺は一番札所であり、当時はここが巡拝の打ちはじめであった。江戸後期の『秩父三十四所観音霊験円通伝』にはその草創について次のように記す。昔、壬生《みぶ》の良門《よしかど》という無慈悲な権力者がいた。その家臣で林定元《はやしさだもと》という者が良門を諫めたところ、怒りを買って追放されてしまった。林定元とその妻は流浪の末に亡くなったが、後日、改心した良門は林定元夫妻の菩提を弔

あらましを
思ひ定めし林寺《はやしでら》
かねききあへづ
ゆめぞさめける
實正山定林寺
秩父霊場第十七番
淨財

観音堂は江戸時代の建築で、弘化4年(1847)に修理が行われた。内陣、外陣とも格天井に花鳥図などを描く。内陣は本尊の厨子のほか、御前立像、「縁組観音」などが安置される

第17番

実正山

定林寺

うために一寺を建立したという。定林寺は林寺とも称されるが、これは林定元の姓に由来するという。

この縁起がどこまで事実を反映しているかはわからないが、定林寺は林氏の個人所有の寺院として始まったらしいことはわかる。林氏は秩父神社の氏子の中でも重職にあった家柄と伝えられ、一番札所に定められた背景には、秩父神社との深い関わりがあったとも考えられる。当初の定林寺は現在地より東の宮地という場所にあり、江戸時代後期に現在地に移転した。現在は地区の世話人の方々によって維持管理されている。

DATA

秩父市桜木町21-3

0494-22-6857

西武秩父駅から西武観光バス「小鹿野車庫・栗尾行き(相生町経由)」、「和銅黒谷駅循環」で「札所十七番入口」下車、徒歩3分

第18番神門寺まで徒歩約15分(1.1km)

第18番

白道山《はくどうざん》 神門寺《ごうどじ》

宗派 曹洞宗
本尊 聖観世音菩薩

内陣の豪華な宮殿には本尊厨子、御前立などが並ぶ

DATA

秩父市下宮地町5-15
0494-25-0598
交 秩父鉄道大野原駅下車徒歩約15分。西武秩父駅から西武観光バス「小鹿野車庫・栗尾行き（相生町経由）」で「相生町」下車、徒歩約10分

第19番龍石寺まで徒歩約18分（1.2㎞）

向拝に施された亀の彫刻は火災除けを願ったもの

神のお告げにより建立された観音霊場

神門寺は車の往来の多い国道１４０号線に面している。境内に足を踏み入れると喧騒から一転、静謐な空気にふれて気持ちがほっとする。

神門寺の観音堂は三間四面の宝形造で、周囲に廻縁をめぐらし、正面に唐破風を施した大きな向拝を付けている。この建築は天保《てんぽう》年間（１８３０～44）に秩父の名工と謳われた藤田若狭《ふじたわかさ》の作と伝えられる。

この寺の創建は神祇と関わりがある。江戸後期の『秩父三十四所観音霊験円通伝』には創建について次のように記している。神門寺の地はもともと神社であったと古老が言い伝え、そこには榊《さかき》があり、榊が枝分かれして、そのありさまは楼門のようであった。このことから当地は「神門」と号した。年月が経ち、神社は跡形もなくなったが、里の人々が話し合い、この地にふたたび神を祀ろうということになった。すると「この地に寺院を建てよ」という神託があったため、本尊を彫刻して祀り、観音の霊場としたという。

この縁起の内容は、日本の神は仏教の仏菩薩が仮の姿として現れたものという本地垂迹説に則ったものだ。江戸時代に神門寺を管理していた別当寺の長泉寺《ちょうせんじ》（明治になり廃絶）は修験道の寺院だったので、神門寺の創建には修験者たちが深く関わっていたと思われる。秩父の信仰空間は、神祇と観音信仰が融合しながら形成されてきたことをあらためて思う。

端正な姿の観音堂。後方は床下へ降りることができ、本尊のお手綱が下かっている

ただたのめ
六《ろく》則《そく》ともに　大悲をば
神門にたちて
たすけたまえる

第19番

飛淵山《ひえんざん》 龍石寺《りゅうせきじ》

宗派 ■ 曹洞宗
本尊 ■ 千手観世音菩薩

境内には六地蔵などの石仏が佇む。明治前期まで、寺の下の荒川岸に渡しがあり、西岸へは舟で渡っていた

扁額「圓通堂」。観音堂には本尊、十王像などを祀る

悪龍を退散させた 空海ゆかりの観音菩薩

　龍石寺は荒川東岸の段丘上にある。境内は所どころに起伏のある岩盤が露出しており、この巨大な岩の上に観音堂が鎮座している。

　江戸時代後期の『秩父三十四所観音霊験円通伝』は、龍石寺の本尊は弘法《こうぼう》大師《だいし》空海《くうかい》作と伝える。大師が観音菩薩像を刻んだところ、観音像は、「われは救わねばならぬところがある。後日、その地でふたたびまみえよう」と告げて東の空へ飛び去っていった。その後、大師が巡錫して当地に至ると小堂があった。大師が堂に入って本尊を拝すると、それはかの観音菩薩像であった。感激とともに不思議に思った大師が、小堂の僧にたずねると、「この地に深い淵があり、悪龍が棲んでおりました。悪龍が里人を害するので、みなで観音菩薩の御名を称えると観音菩薩が現れ、悪龍はどこかへ消え去ったのです」

天地《あめつち》を動かす程の詣る人には利生《りしょう》あるべし

龍石寺

観音堂は三間四方の宝形造。画面左の三途婆堂には奪衣婆（だつえば）、閻魔大王、賓頭盧（びんずる）尊者を祀る

第19番

飛淵山

龍石寺

ということだった。大師が、この地に観音菩薩が現れた日を問うと、それはまさしく大師のもとから観音像が飛び去った日であったという。

　この悪龍は、たびたび氾濫して里人を悩ませた荒川のことだろう。悪龍退散の縁起は、名もなき巡国の僧が荒川治水の方法を里人に教え、観音像を祀って祈祷した故事が、弘法大師の伝説に姿をかえたものという見方もある。

　本尊の千手観音菩薩は「厄除け観音」として知られ、とくに女性の19歳、33歳の厄除けの信仰が篤く、正月19日の縁日はふだんに増して多くの参拝者で賑わう。

DATA

- 秩父市大畑町15-31
- 0494-23-7758
- 西武秩父駅から西武観光バス「小鹿野車庫・栗尾行き」で「秩父橋」下車、徒歩6分。秩父鉄道大野原駅下車、徒歩約12分

◀◀◀ 第20番岩之上堂まで徒歩約20分（1.2㎞）

第20番

法王山《ほうおうざん》 岩《いわ》之《の》上《うえ》堂《どう》

宗派　臨済宗南禅寺派
本尊　聖観世音菩薩

「さるぼぼ」が風に揺れる岩盤上に立つ観音堂

第19番龍石寺と第20番岩之上堂の間には荒川が横たわっており、岸の崖の高さは40m以上に及ぶ。明治前期までは第19番から岸へ下り、舟で対岸へ渡っていた。昔はいまほど樹木が茂ってなく、対岸から岩之上堂を望むことができたようだ。岩之上堂は荒川に向いて立っているので、巡拝者は岩之上堂を遥拝しつつ川を渡ったのではないだろうか。対岸に渡ると、「乳水場《ちすいば》」と称される洞窟があり、かってはそこから石段を上って岩之上堂へ至った。

明治18年（1885）に秩父橋ができると渡し舟もなくなり、巡拝の経路は秩父橋を渡って岩之上堂の背後から境内に入るようになった。境内は花や木が多く、春には色とりどりの花が観音堂を彩る。

江戸後期の『秩父三十四所観音霊験円通伝』には、白河《しらかわ》法皇（1053〜1129）の勅願によって建立されたとある。白河法皇は秩父霊場を開創した十三権者のひとりである。この縁起は伝承の域をでないものの、岩之上堂の本尊は平安後期に制作された古仏であることから、この地は平安時代から観音の霊場として信仰を集めていたことと思われる。

しかし、戦国時代の戦乱によって里人が離散すると、無住の寺となって堂宇は荒れ果て、粗末な堂に本尊のみが祀られているような状態となったらしい。これを江戸初期に再興したのが内田武左衛門尉政勝《ぶざえもんのじょうまさかつ》という当地の実力者だった。内田武左衛門尉政勝は私財を投じるとともに関東各地から浄財を募

観音堂が立つ基壇は岩盤を掘り下げたもので、外周は排水溝。切石に丸柱を立て、二重の扇垂木で軒を支える

苔むしろ
しきてもとまれ　岩の上
玉のうてなも　朽ちはつる身を

さるぼぼが掛かる土間から
内陣の御前立像を拝する

第20番

法王山 岩之上堂

観音堂の周囲はコブシ、桜、花桃、椿、モクレン、ダイコンの花などさまざまな草花が咲き競う

欄間は中国の「二十四孝」を題材にした彫刻を施している

三間四方の宝形造で、向拝は江戸後期の修理で付けられた

り、延宝《えんぽう》6年（1678）から25年の年月をかけて観音堂を建立した。これが現在の観音堂である。以来、岩之上堂は僧侶を置かず、個人の持寺として守られてきた。

観音堂は大きな一枚岩を土台にして立っている。堂内の前面は土間になっており、天井から傘状にしつらえられた「さるぼぼ」が吊るされている。「さるぼぼ」は赤子をかたどった布製の人形で、縁起物として奉納される。秩父札所のあちこちで見かけるが、岩之上堂の傘状のさるぼぼは、とりわけ大きく見事なものだ。

DATA

秩父市寺尾2169（内田家）
0494-23-9419
交 西武秩父駅から西武観光バス「小鹿野車庫・栗尾行き」で「札所二十番入口」下車、徒歩5分

◀◀◀ 第21番観音寺まで徒歩約10分（0.9km）

第21番

要光山《ようこうざん》 観音寺《かんのんじ》

宗派：真言宗豊山派
本尊：聖観世音菩薩

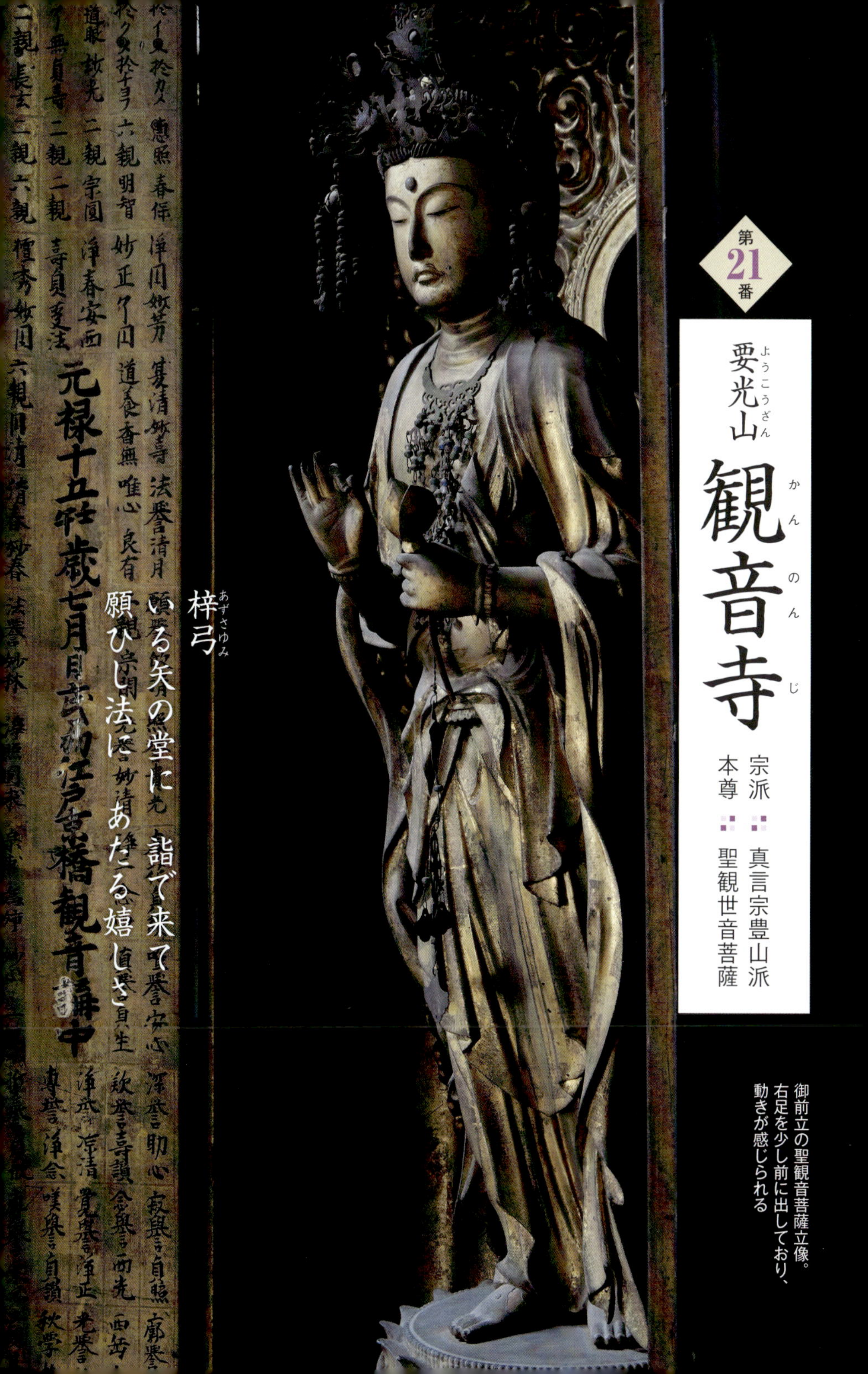

御前立の聖観音菩薩立像。右足を少し前に出しており、動きが感じられる

梓弓《あずさゆみ》 いる矢の堂に 詣で来て 願ひし法に あたる嬉しさ

境内は県道に面している。正面の本堂は方三間の寄棟造。境内には八幡宮が勧請されている

宝暦14年（1764）の銘をもつ宝篋印塔。ほかに百万遍唱念塔、弁才天石塔、芭蕉句碑などが並ぶ

八幡神、日本武尊ゆかりの縁起を伝える「矢之堂」

第20番岩之上堂から、緑の中をゆく細い道路を600mほど進むと県道72号に出る。ここを左に曲がって300mほどゆけば、右側に道路に面して観音寺の門標が立っている。白砂利が敷かれた境内は清々しく、いかにも里の観音堂といった風情がある。

観音寺は通称「矢之堂」と呼ばれ、その縁起は二説ある。ひとつは行基《ぎょうき》（奈良時代の高僧）が八幡神のお告げによって観音菩薩を刻んだという草創伝承である。行基が観音堂を建立しようと

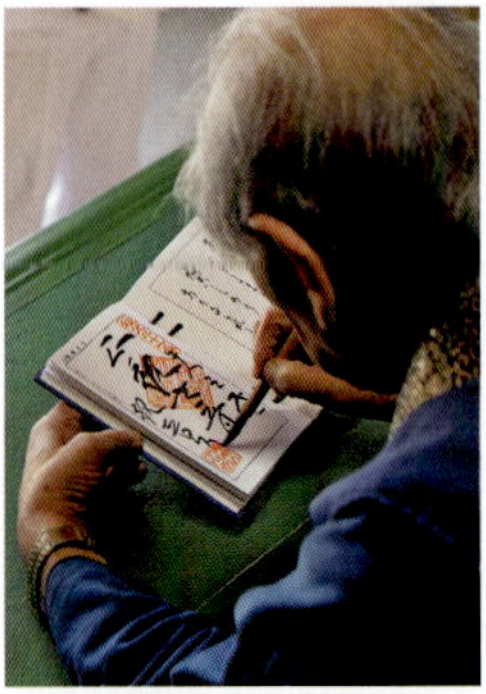

本堂に隣接する庫裏（納経所）。観音寺世話人の方が納経帳に丁寧に筆を運ぶ

本堂の向拝に「矢之堂」「秩父廿一番」の額が掛かる。堂内正面に秘仏の本尊、その脇に御前立像、阿弥陀如来坐像などが祀られる（入堂不可）

したところ、土地の邪神たちが怒って暴れ始めた。そこに八幡神が射た矢が飛んできて邪神たちを射抜いて地に落ちた。このことから矢之堂と名付けられたという。

もうひとつの縁起は、当初の観音堂が秩父郡矢納村《やのう》（現在の児玉郡神川《かみかわ》町）にあったというもの。矢納の地名は、日本武尊《やまとたけるのみこと》がこの地に矢を納めたことに由来するといい、また一説には平《たいらの》将門《まさかど》が矢を納めたことが由来という。当初の「矢納堂」が「矢之堂」と呼ばれるようになったという内容だ。

この二説はいずれも「矢」にかかわるものだ。しかし、長享《ちょうきょう》2年（1488）の「長享番付」では「谷之堂」と記されている。読みはおそらく「やのどう」だろう。江戸時代の絵図を見ると、荒川西岸の丘陵地「長尾根《ながおね》」の山中に、第21番矢之堂から第23番音楽寺までの札所が点々と描かれており、江戸時代の紀行文にも矢之堂は高い所にあることが記されている。このことから矢之堂は当初は山間にあり、いつの頃か、里にある別当寺（管理寺院）の観音寺に移転したのだろう。その後、札所は地元の人たちによって守られてきた。

本堂は、大正12年（1923）に隣接する小学校の火災によって類焼し、その後に建てられた仮堂のままである。火災によって史料も失われたが、堂内に安置されている聖観音菩薩像や阿弥陀如来像などは江戸時代の作とみられる。おそらく人々が炎の中から救い出したのだろう。堂宇や史料は失われても、観音菩薩への信仰は連綿と受け継がれているのである。

DATA

秩父市寺尾2354
0494-24-7263
交 西武秩父駅から西武観光バス「小鹿野車庫・栗尾行き」で「尾田蒔学校」下車、徒歩7分。「尾田蒔中学校経由吉田元気村行き」で「札所二十一番」下車すぐ

◀◀◀ 第22番童子堂まで徒歩約20分（1.4km）

第22番

華台山《かたいさん》

童子堂《どうじどう》

宗派　真言宗豊山派
本尊　聖観世音菩薩

観音堂の扉の彫刻。右は雷神で左は迦楼羅。双方とも祈雨に関係する天部であり、堂を火災から守る意味合いをもつ

ユニークな仁王像と彩色豊かな観音堂

県道72号から童子堂の参道への曲り角に石造の地蔵尊があり、背後に武甲山の山容を望むことができる。畑の中の舗装道路を進むと左手に草葺きの仁王門が姿を現す。阿吽の仁王像はくりんとした目をむき出し、黒い毛を貼った眉毛をつりあげている。素朴な愛らしさは童子堂という名にいかにもふさわしい。仁王門をくぐって境内に入ると、右側に観音堂が立ち、その背後に平成28年に完成した、別当寺の永福《えいふく》寺《じ》の本堂が見える。

江戸後期の『秩父三十四所観音霊験円通伝』が記す縁起によれば、第53代淳和《じゅんな》天皇の弟である伊予《いよ》親王の菩提を弔うために、遍照僧正《へんじょうそうじょう》が地元の領主に命じて草創されたという。遍照僧正についてては詳しく記されていないが、「遍照金剛」の法号をもつ弘法大師空海のことだろう。童子堂の本尊は弘法大師の作と伝えられる。

縁起ではつぎの霊験を伝える。平安時代にこの地で疱瘡（天然痘）が流行

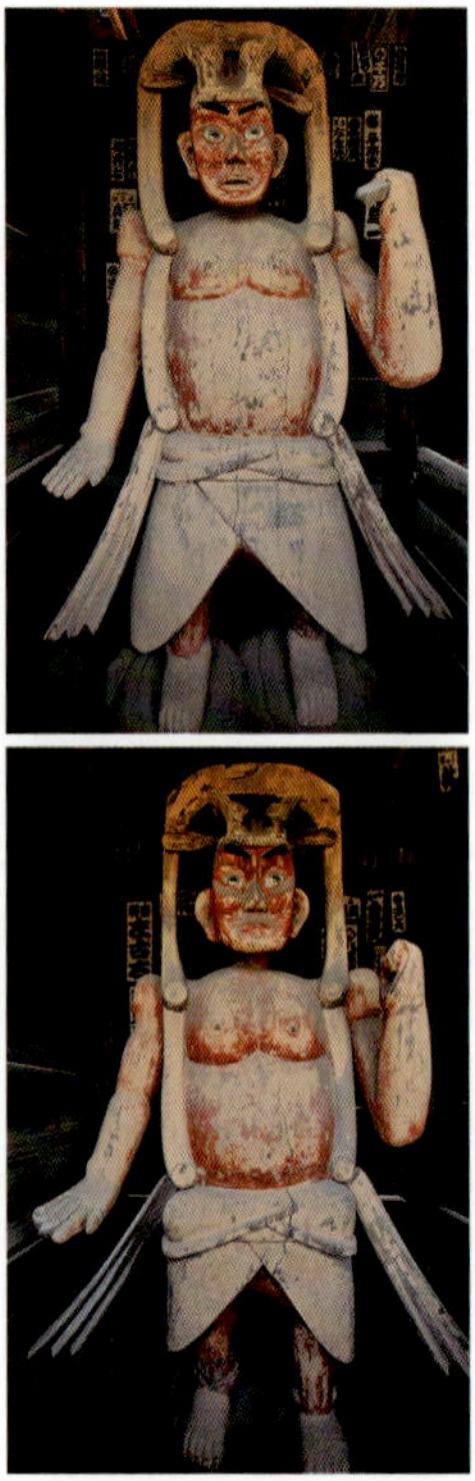

仁王像。上が阿形で下が吽形。肉体や衣の素朴な造形は里の仏と呼ぶにふさわしい

極楽を
ここで見つけて
後の世までも
たのもしきかな

童う堂

春はヤマブキ、ナノハナなどの花が
仁王門の周囲を彩る

参道入口にある地蔵尊は安政4年（1857）に造られたもので、ゆったりとした姿で坐っている。背後は武甲山

第22番

華台山 童子堂

し、多くの子供が亡くなった。そこで人々が本尊の観音菩薩に祈願したところすぐに疱瘡はおさまり、その後も、子供が病になったときにこの観音に祈れば必ず治ったという。童子堂の名はこの霊験に由来するものだ。

またつぎの縁起も伝わる。昔、讃岐《さぬき》（香川県）に強欲の男がおり、托鉢に来た旅の僧を愚弄したところ、その男の息子が犬に姿を変えてしまった。悲嘆する男に、旅の僧は、「すぐにその犬を連れて四国八十八カ所、西国、坂東の霊場を巡拝したのち、秩父の童子堂へ参りなさい。必ず霊験があるだろう」と言って消えた。男は妻と一緒に犬を連れて諸国を巡拝し、童子堂で21日間祈願すると、犬は息子の姿に戻ったという。

かつて童子堂は、荒川西岸の丘陵地、長尾根《ながおね》の山中の府坂《ふさか》峠にあった。それが明治43年（1910）に現在地に移ったものである。観音堂の建物は府坂峠にあったもので、元禄14年（1701）の建立。三間四方の堂の周囲は雲紋など多くの彩色彫刻で荘厳され、内部も彩色の紋様がよく残っている。江戸時代中期の地方色豊かな寺院建築として貴重な遺構である。

三尺藤と観音堂。入堂不可だが正面から内部を拝観できる

DATA

秩父市寺尾3595
0494-23-9989
西武秩父駅から西武観光バス「小鹿野車庫・栗尾行き」で「尾田蒔学校」下車、徒歩約20分。「尾田蒔中学校経由吉田元気村行き」で「札所二十二番入口」下車、徒歩5分。秩父鉄道秩父駅から徒歩約40分

第23番音楽寺まで徒歩約25分（1.4km）

◆秩父三十四カ所◆御朱印の美

御朱印（納経）は、御本尊に納経（写経、読経を奉納）した証としていただくもの。
文字は、山号、御本尊種字（梵字）、御本尊の尊号、寺名、日付などが
墨痕鮮やかに書きあげられ、中央に御本尊、寺名などを表す宝印が押される。

第13番　慈眼寺の御朱印

旗下山
正大悲閣
慈眼寺

札所番号の朱印

「大悲閣」は観音菩薩を意味する。「大悲殿」も同じ

宝印

山号・寺号などの朱印

笈摺

表と裏に秩父三十四カ所の札所番号が印刷されている専用の笈摺に御朱印をいただく（専用の笈摺でなくても可）。御朱印のみと書き入れ朱印のどちらかを希望していただく

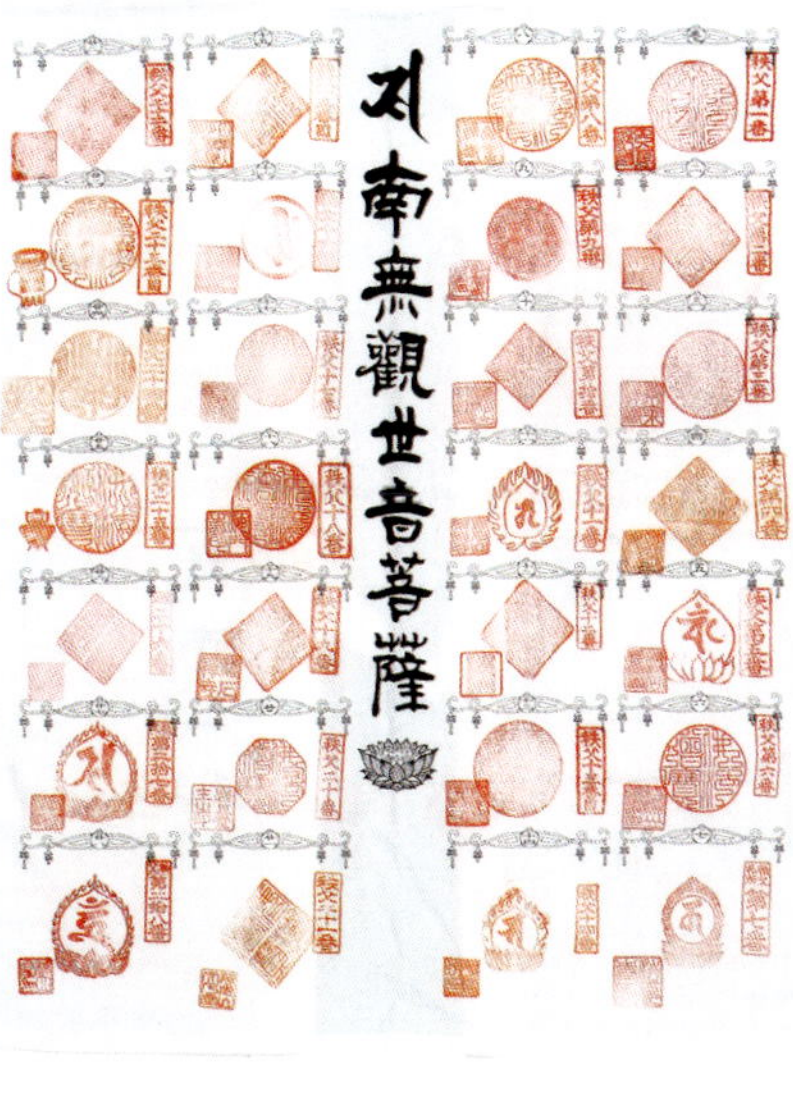

第23番

松風山《しょうふうざん》

音楽寺《おんがくじ》

宗派 ■ 臨済宗南禅寺派
本尊 ■ 聖観世音菩薩

江戸の巡礼道に佇む14体の石地蔵

荒川西岸には標高400mほどの丘陵が北東から南西にかけて連なり、山中には「長尾根道《ながおねみち》」と呼ばれる尾根道が続いている。江戸時代はこの長尾根道が巡礼道であり、第21番観音寺（矢之堂）、第22番童子堂、そして第23番音楽寺が点在していた。その後、観音寺と童子堂は里に移転したため、いまは音楽寺だけが長尾根道にある札所となっている。音楽寺の名は、秩父札所を

小鹿坂峠の地蔵尊。中央にやや大きな地蔵が立ち、左右に13体が並ぶ。これは秩父札所を開創した十三権者を表したものともいわれ、「十三権者の石像」とも呼ばれている

梵鐘には六観音が鋳出されている。困民党はこの鐘を合図にして市街へ突入した

観音堂は正徳年間(1711〜16)建立とされる。茅葺入母屋造だったが、昭和に銅板葺宝形造に改修された

開創した13人の聖者（十三権者《じゅうさんごんじゃ》）が、山の松風の音に、菩薩が奏でる音楽を感得したことに由来するという。

坂の参道を登ると正面に音楽寺の本堂があり、そこから左へ少し進むと、右へ折れる石段がある。上りきるとそれほど広くない境内に三間四面の観音堂が鎮座している。向拝を付けず、堂の前面一間を吹き放しにし、周りに縁を廻らせた開放的な堂宇である。

観音堂に向かって右脇から細い道が斜面に続いており、ここを登ると小鹿《おが》坂《さか》峠への尾根道に出る。江戸時代後期の『秩父三十四所観音霊験円通伝』には、つぎの縁起を記している。天長《てんちょう》年間（824〜34）に慈覚《じかく》大師（円仁《えんにん》。天台宗の高僧）が当地で自ら刻んだ観音像を祀るために山路を開いていたところ、あまたの小男鹿《さおしか》が集まってきて慈覚大師を案内したという。これが小鹿坂の由来であり、はじめ観音堂は峠の近くに建立されたという。

この小鹿坂観音堂が秩父三十四カ所

観音堂の背後より秩父市街と武甲山を望む。武甲山の右は奥秩父連山がつらなり、札所中屈指の絶景地といえる

桜に染まる小鹿坂峠の石仏。長尾根はハイキングコースとしても人気

本尊は音楽関係者の信仰を集め、外陣には歌のヒットやコンサート成功の祈願を込めたポスターも奉納されている

第23番

松風山 音楽寺

の札所となり、その後、15世紀初期に現在地に音楽寺が開創された。そして、江戸時代に音楽寺は小鹿坂観音堂の別当寺（管理寺院）となって、新たに建立した観音堂に峠から本尊を遷座したとされる。いま旧観音堂の地はわずかな平地になっているだけだが、小鹿坂峠に14体の石造地蔵尊が並び、古《いにしえ》の巡礼道の名残をとどめている。

境内は明治17年（1884）11月初頭に起こった秩父困民党事件（借金に苦しんだ農民たちの武力蜂起）の舞台にもなった。鐘楼の近くに決起100年を記念して建てられた「秩父困民党無名戦士の墓」がある。

DATA

住 秩父市寺尾3773
☎ 0494-25-3018
交 西武秩父駅から西武観光バス「ミューズパーク循環」(通称：ぐるりん号・左まわり)で「音楽寺」下車、徒歩3分。秩父鉄道秩父駅から徒歩約45分

◀◀◀ 第24番法泉寺まで徒歩約50分(2.9km)

第24番

光《こう》智《ち》山《さん》

法《ほう》泉《せん》寺《じ》

宗派■臨済宗南禅寺派

本尊■聖観世音菩薩

天照《あまてら》す
神の母《はは》祖《そ》の色かへて
なおもふりぬる
雪の白山《しらやま》

緑の多い境内で、石造の
「平和観音像」が観音堂を見守る

内陣は入堂不可だが、正面から本尊を祀る厨子と御前立像を参拝できる。厨子は三手先組物の見事な作り

仁王門が合体した珍しい形式の観音堂

観音堂の立つ境内へ116段の急な石段を上る巡拝者たち

法泉寺の境内へは、緑の斜面に梯子をかけたような石段を上ってゆく。上りきると山の中腹を開いたわずかな平地に観音堂と納経所が立っている。振り向くと手前に荒川が帯のように流れ、秩父市街の奥に武甲山が聳えている。じつに雄大な眺望で、江戸時代後期の『新編武蔵風土記稿』にも「勝景いとよし」と記されている。

法泉寺は明治時代になってからの名称で、長享《ちょうきょう》2年（１４８８）の「長享番付」では「白山別所《しらやまべっしょ》」と記され、江

観音堂の前面左右に祀られる仁王像（叶形）。数十センチの小さな木像ながら厳しい表情

4月18日の「大数珠廻し」は地元の人たちが輪になって座り、太鼓や鉦の拍子にあわせて、円周10mほどの数珠をまわしながら念仏を唱える

戸時代には「白山《しらやま》」と呼ばれていた。それは次の縁起（『秩父三十四所観音霊験円通伝』）による。霊亀《れいき》2年（716）に、越《こし》の大徳《だいとく》と称される泰澄《たいちょう》（加賀の白山《はくさん》を開いたとされる修験僧）は天女の導きによって白山に登り、観音菩薩を感得した。観音菩薩は泰澄に「われは毘盧遮那《びるしゃな》の仏勅によって、これより武蔵国秩父に垂迹した。なんじはかの地に赴いて仏法を広めよ」と告げて飛び去った。そこで泰澄が秩父へゆくと、この地（現在の法泉寺あたり）の岩の上に観音菩薩像が現れた。泰澄はその観音像を祀り、山の名を白山と改めたという。この縁起は白山の修験道の影響のもとに観音堂が創建されたことを物語っている。別の縁起では、本尊は天照大神の作と伝え、伊勢信仰の影響もあったことがわかる。また、遊女の口中の病を治した霊験譚が伝わっていることから、病気平癒の祈願に参拝する人も多い。

　白山観音堂の別当寺（管理寺院）は、石段の下にあった別当明星院《みょうじょういん》という修験道の寺だったが、明治5年（1872）の修験道の廃止令によって廃寺となる。そこで白山観音堂は法泉寺と名を改めて、地元の方々でお守りしてきた。樹林に囲まれた観音堂は江戸中期の建立とされる。特徴は、堂の前面を凹形にして、左右の小部屋に仁王を祀っていることだ。つまり、仁王門と観音堂が合体していると見なせばいい。狭い前庭を考慮した、うまい工夫といえるだろう。

　4月18日の縁日には大数珠をまわしながら念仏を唱える「大数珠廻し」の行事が催され、境内は活気を帯びる。

DATA

秩父市別所1586
0494-23-0943
西武秩父駅から西武観光バス「久那行き」で「札所二十四番」下車すぐ。「ミューズパーク循環（通称：ぐるりん号）」で「巴川」下車、徒歩約20分

第25番久昌寺まで徒歩約50分（2.9km）

第25番

岩谷山《いわやさん》 久昌寺《きゅうしょうじ》

宗派 曹洞宗
本尊 聖観世音菩薩

切妻造の大きな建物が本堂。納経所では「御手判」の摺物の護符が授与されている

本堂に祀られる伝行基作の阿弥陀如来立像。右手を上げて左手を下げる来迎形の姿を示す

閻魔王から授かった御手判ゆかりの寺

久昌寺は山懐に抱かれているような佇まいだ。山門の先に三間四方の観音堂が立ち、観音堂の左側は切り立った崖になっている。観音堂の背後は土手で、本堂、庫裏、弁天堂、蔵などの建物が広々とした池の水面に映る。

『秩父三十四所観音霊験円通伝』は当寺の縁起をつぎのように記す。昔、この地の岩洞には鬼が棲むといわれ、里の人は恐れて近づかなかった。あると

水上は
いづくなるらん
岩谷堂　朝日もくなく
夕日かがやく

き、旅の僧が山に分け入って岩洞まで行くと、ひとりの少女が老婆の遺体のかたわらで泣いていた。わけをたずねると、この老婆は性格が荒々しかったことから人に嫌われ、15年前に懐胎の身で里を追い出された。その後、里人に川に落とされて殺されるところを逃れ、この岩洞で娘を産んだ。以降、老婆は人から危害を受けることを避けるために、心ならずも鬼のように振る舞ってきたのだという。そして老婆は死に、娘が悲しんでいたところに観音菩薩が現れ、母の供養のために堂宇を建立せよとのお告げがあったという。話を聞き終わった旅の僧は、娘を連れて里に行き、人々に一部始終を話した。すると、みなは娘を哀れんで、力を合わせて観音堂を建立したのだった。

また『新編武蔵風土記稿』に記す縁起では、性空《しょうくう》上人（秩父札所を開創した十三権者のひとり）が秩父札所を開創するためにこの地に至ったとき、朝日のなかに二十五菩薩が来迎して性空

観音堂は宝永6年（1709）の建立。正面に浜縁を設けて巡拝者を迎える。本堂へと続く池端の土手を草花が彩る

観音堂内には迫力ある閻魔王像が祀られており、格子窓を通して拝観できる

観音堂内部の欄間には天人などの美しい彩色彫刻が施される。本尊を祀る厨子は宮殿形の見事な作り

第25番

岩谷山 久昌寺

上人を称賛した。この奇瑞から二十五番札所に定められたという。

久昌寺には「御手判寺《おてはんじ》」の別称がある。これは性空上人が冥土へ赴き、閻魔王から授かったという石の手判（交通手形）が伝来していることが由来である。この手判を持っていれば地獄の閻魔庁も無事に通過して極楽へ行けるという。久昌寺の本堂には阿弥陀如来が祀られており、当初は浄土信仰の寺院として建立されたことがわかる。

境内は清閑で、観音堂越しに眺める武甲山の姿はじつに雄大だ。夏は池に蓮の葉が広がり、美しい蓮の花に心が癒される。

DATA

秩父市久那2315
0494-23-7309
交 西武秩父駅から西武観光バス「久那ゆき」で「久那」下車、徒歩約10分。「ミューズパーク循環」（通称：ぐるりん号）で「巴川」下車、徒歩約30分。秩父鉄道浦山口駅から徒歩約30分

◀◀◀ 第26番円融寺まで徒歩約50分（3.8km）

第26番

萬松山《ばんしょうざん》 円《えん》融《ゆう》寺《じ》

宗派 臨済宗建長寺派
本尊 聖観世音菩薩

尋ね入り
むすぶ清水の　岩井堂
心の垢を　すすがぬはなし

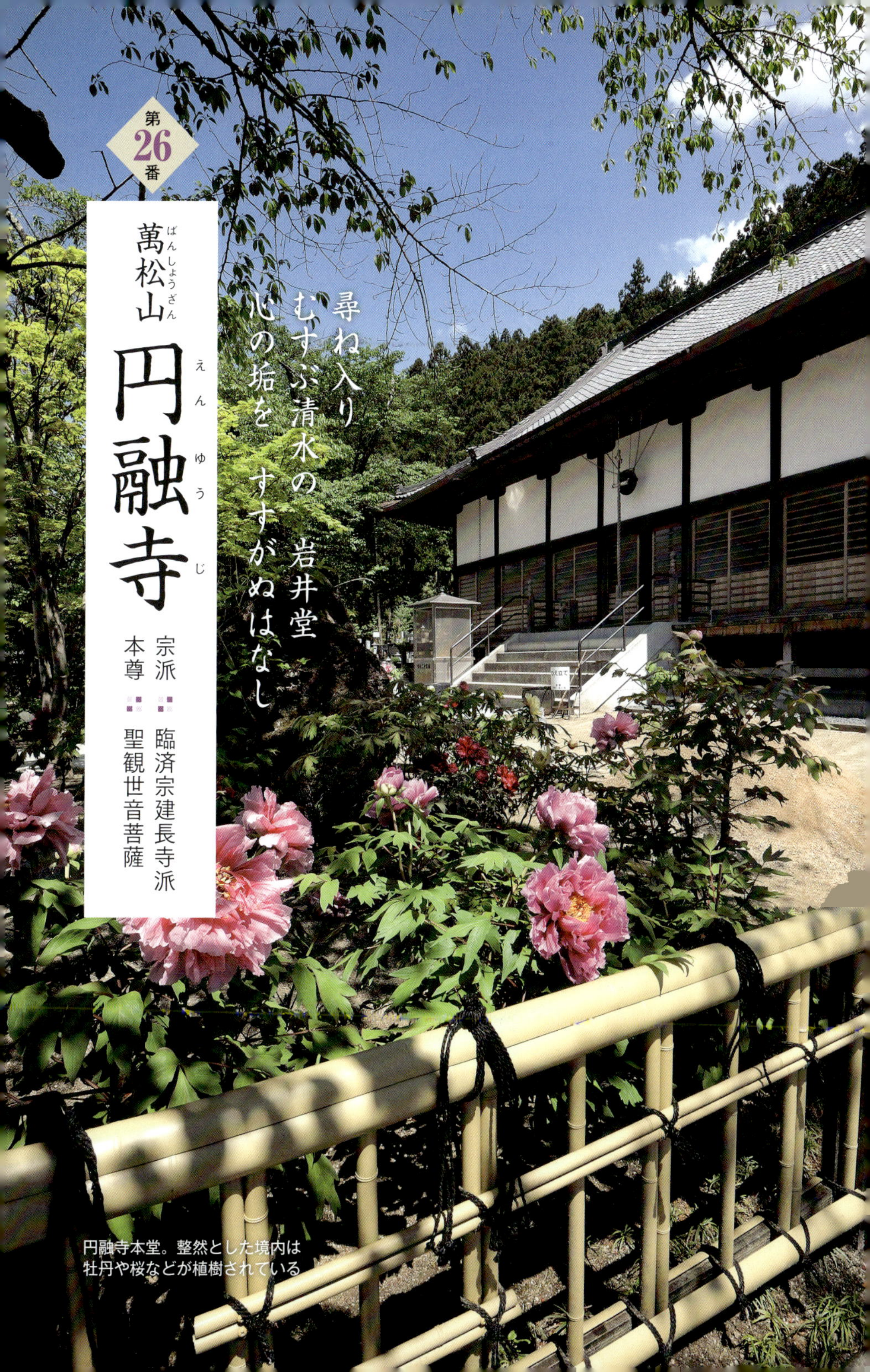

円融寺本堂。整然とした境内は牡丹や桜などが植樹されている

岩井堂は江戸時代中期の建築で、方三間の宝形造。舞台を支える黒塗りの木組みが無骨で逞しい

秩父修験の名残を伝える舞台造の岩井堂

円融寺は秩父鉄道影森駅の東約400mに位置する臨済宗の寺院である。山を背にして堂々とした間口八間の本堂が立つ。当寺は室町時代の永正5年（1508）に示寂した宗猷《そうゆう》大光《だいこう》禅師が開創したという。

札所の観音堂は岩井堂《いわいどう》といい、円融寺の南東約700mの山中にある。江戸時代に円融寺が岩井堂の別当寺（管理寺院）となり、現在は盗難や損傷を防ぐために、岩井堂の札所本尊は円融

紅葉の本堂。寺宝に絵馬「景清牢破りの図」などがある（非公開）

岩井堂への石段。岩井堂から第27番大渕寺への道は滑りにくい靴を用意したい

岩井堂奥の院の銅造聖観音菩薩像。像高は約150㎝で正徳4年(1714)の銘がある。像の背後には「秩父修験堂」という堂宇がある

寺に移して祀っている。

岩井堂へは円融寺から山づたいの道を歩いて、昭和電工の敷地を通り、琴平神社の石碑の脇から参道を進む。やがて目の前に山の傾斜を直登する約300段の石段が現れる。苔むした石段を上り切ると、大きな岩洞を背にした舞台造の岩井堂が樹林の中に立っている。岩場の階段を上って堂に上ることができ、回廊から望む秩父の山々の眺めは実にすばらしい。

縁起によれば、この岩洞で弘法大師空海（真言宗開祖）が秘法を行じていたところ、観音菩薩が現れ、「ここは必ず霊場となろう。のちに一人の大徳(高僧)が来て、わが姿を刻むであろう」と告げ、雲に乗って飛び去った。そこで空海は加持を行って岩洞を封印してこの地を去った。その後、恵心僧都源信（天台宗の高僧）が当山に至ったところ、洞窟から光明が射し出《い》でて、観音菩薩が現れた。観音菩薩が「大徳が来るのを長く待っていた。わが姿を写してこの地に安置せよ」と告げると、源信は拝し奉って、正確にその姿を刻み岩の上に安置した。すると観音菩薩は大光明を放って像を照らし、たちまち姿を消した。すぐに源信は里人に命じて堂宇を建立し、観音菩薩像を安置したという。そしてまた幾星霜ののち、当地の豪族、秩父重弘《ちちぶしげひろ》が堂舎を再興して大檀那となったという。

岩井堂の縁起は、この地が真言系や天台系などの修験者の活動拠点であり、中世には武家の庇護を受けていたことを示すものだろう。岩井堂背後の奥の院には修験道の行場と思われる奇岩などが点在しており、江戸時代の銅造観音菩薩像が安置されている。

DATA

秩父市下影森348
0494-23-8838
交 秩父鉄道影森駅から徒歩約10分。円融寺から岩井堂へは徒歩約25分

第27番大渕寺まで徒歩約15分(1.4km)。岩井堂・護国観音経由の場合は徒歩約1時間

第27番

龍河山《りゅうがさん》 大渕寺《だいえんじ》

宗派：曹洞宗
本尊：聖観世音菩薩

夏山や
しげきが下の　露までも
心へだてぬ　月の影もり

錦秋に彩られる護国観音。
大船、高崎と並び関東三大観音と称される

枝垂桜の見頃は4月初旬頃。奥に見えるのが観音堂。観音堂の裏はカタクリが群生しており3月下旬が見ごろ

山上の護国観音と山腹の月影堂

第26番円融寺の奥の院である岩井堂から大渕寺までは琴平《ことひら》丘陵の尾根道が続く。岩井堂からゆっくり歩いて50分ほどで、像高15mの観音像「護国《ごこく》観音」に至る。この護国観音は、第7番札所法長寺住職、大渕寺兼務住職町田兼義師の発願により昭和10年（1935）11月に開眼されたものだ。ここからの秩父市街の眺望はじつに雄大で心地よい。

護国観音から急な斜面を下ってゆくと樹間に大渕寺の観音堂が見えてくる。観音堂を過ぎれば大渕寺の本堂や鐘楼が立つ境内はすぐだ。この琴平丘陵経由のコースではなく、表参道から山門へ至る場合は、樹木生い茂る山上に直立する護国観音を遥拝することができ、また異なった感動を覚える。

『秩父三十四所観音霊験円通伝』は山腹の観音堂の由来を次のように記す。昔、宝明《ほうみょう》という行者が諸国を巡ったのちにこの地に至り、足の難病にかかってしまい、7年間動けないでいた。するとある夜、ひとりの旅の僧が宝明に一夜の宿を乞うた。旅の僧は宝明と語りあい、その不自由な身上を知ると、自分は天皇の勅を受けて仏法を広めるために諸国を巡っている空海《くうかい》であると告げ、観音像を刻んで宝明に与えた。空海が去ったあと、宝明は一心に拝み、1週間後に今まで治らなかった足が元通りになった。宝明はこの有り難い像をただ自分一人で拝するのではなく、あまねく人々に結縁せしめるべきと思った。そこで里の人々に観音像の由来

この水を飲めば三十三カ月寿命が延びるといわれる「延命水」。傍らに地蔵菩薩が立つ

本堂は大正11年（1922）の再建。鐘楼は第51代横綱玉の海による追善相撲を記念して昭和46年（1971）に建立

境内に立つ銅造聖観音菩薩。緑に囲まれた静謐な環境に心が癒される

宝形造の観音堂。焼失した旧観音堂は三間四方の朱塗りの堂だった。新しい素木の堂も徐々に古色を帯びつつある

を話すと人々は感激し、互いに協力して観音堂を建立。宝明は当山の第一祖となったという。

岩井堂の観音像が空海や源信にまつわる霊験譚を伝えているのと同様に、大渕寺の観音堂もこの山中を拠点としていた天台宗聖護院系修験道の影響のもとに建立されたのだろう。観音堂はその佇まいの美しさからいつしか月影堂と呼ばれるようになった。その観音堂は大正8年（1919）に、門前を通過する汽車の煤煙によって本堂とともに焼失してしまうが、本尊は救いだされた。現在の三間四方の観音堂は平成8年（1996）の再建である。

DATA

秩父市上影森411
0494-22-5259
秩父鉄道影森駅から徒歩約10分

第28番 橋立堂まで徒歩約25分（1.2km）

第28番

石龍山《せきりゅうざん》

橋立堂《はしだてどう》

宗派：曹洞宗
本尊：馬頭観世音菩薩

霧の海
たち重なるは　雲の波
たぐひあらじと　わたる橋立

岩が覆いかぶさるようにして立つ橋立堂。
傍らにハナダイコンが群生する

橋立鍾乳洞は全体の3分の2が竪穴という珍しい構造。高低差が33mあるため梯子・階段を上ってゆく。観音堂の裏手に出口がある

観音堂は宝永4年（1707）の建立とされる。朱塗りの柱や梁と、黒格子窓のコントラストが美しい

岩を背にした観音堂と奥の院の鍾乳洞

橋立堂へは荒川の支流、橋立川に沿った細い道をゆく。この道は武甲山の登山道「西参道」だ。橋立堂は高さ65mの切り立った岩を背にして建っている。本尊は鎌倉時代作の馬頭観音菩薩で、西国、坂東、秩父の百観音霊場で馬頭観音を本尊とする寺は、橋立堂と西国29番の松尾寺《まつおでら》だけである。

　縁起によれば、昔、この地に悪逆な領主がおり、死後に地獄に落ちたが、生前にひとつだけ良いことをしていたので龍に生まれ変わった。その龍は里

観音堂の内部は入堂不可だが正面の格子窓を通して御前立像を拝することができる

観音堂の傍らの馬の銅像。堂前の馬堂には、伝左甚五郎作の栗毛と白馬の2体の馬の木像が安置されている

の家畜を食い殺して害をなしたため、人々が馬頭観音に祈ると、観音の頭から一頭の白馬が現れて走り回った。龍がその白馬を呑み込むと、龍は「観音さまのおかげで、ようやく煩悩を脱することができました」と言い、鍾乳洞内で石の姿に変わった。この霊験譚が山号「石龍山」の由来という。

観音堂内部は、平時は厨子の前に御前立像が安置されている。三面八臂で頭上に馬頭を戴き、忿怒の形相で蓮華座に結跏趺坐する姿を示す。馬頭観音は衆生の煩悩を食い尽くし、諸悪を粉砕する強い力を持つとされるいっぽうで、畜生類を救済する菩薩とされる。とくに近世において、馬は農耕や運輸にかかせない動物であったことから、馬頭観音は豊穣や交通安全の信仰を集めた。

橋立堂に向かって左側に納経所があり、橋立堂の奥の院である「橋立鍾乳洞」の入口になっている。武甲山は全山が石灰石の山で、周囲にはいくつもの鍾乳洞があるが、なかでも橋立鍾乳洞は規模が大きく、埼玉県の天然記念物に指定されている。全長は約130mあり、洞内は身をかがめないと通れない狭いところや急に広くなっているところもあり、まさに迷路のよう。鍾乳石や石筍《せきじゅん》が織りなす奇観は、「弘法大師の後姿」「仁王の足」「下り龍」など、さまざまな尊像や神獣に譬えられている。この鍾乳洞への入洞は「胎内潜《くぐ》り」や「穴禅定《あなぜんじょう》」といわれる宗教体験であり、古《いにしえ》の巡礼者は蝋燭の灯りで洞内のさまざまな奇岩を拝しては法悦に浸ったことだろう。いまのわれわれも厳かな気持ちで参拝したい

DATA

秩父市上影森675
0494-24-5399
交 秩父鉄道浦山口駅から徒歩約15分。西武秩父駅から西武観光バス「浦山常盤橋ゆき」で「浦山口」下車、徒歩約18分

◀◀◀ 第29番長泉院まで徒歩約30分（1.8km）

※橋立鍾乳洞の入洞は200円。洞内は写真撮影禁止

第29番

笹戸山《ささとさん》 長泉院《ちょうせんいん》

宗派 ∷ 曹洞宗
本尊 ∷ 聖観世音菩薩

性空上人が納めた石札を本堂に祀る

秩父霊場には桜の木が多いが、なかでも長泉院の参道入口に枝を広げる枝垂桜は見事である。細長い参道を歩いてゆくと右側に納経所の庫裏があり、さらに進むと両側に石を絶妙に配置した庭園が広がっている。参道の突き当りに秋葉《あきば》大権現を祀る小さな御堂があり、その右手にどっしりとした本堂が立つ。札所本尊の聖観音菩薩は本堂内に祀られている。

この本尊は当初は現在地から南へ500mほど離れた山の頂上にあったという。江戸後期の『秩父三十四所観音霊験円通伝』にはその縁起を次のように記す。奈良時代の元正《げんしょう》天皇の時代、当地の山麓に淵があり、毎夜そこから龍女が現れて、山頂に灯りを奉献していた。里の人たちは「きっとあの山に仏菩薩が現れたのだろう」と思いながらも、その山は険しいためどうすることもできず、数百年が経った。あるとき、普通の僧侶とは思えない十余人の巡礼がこの地に至り、山への案内を求めた。一行が道なき道を登って頂上に至ると岩屋があり、その入口は笹が生い茂って扉のようになっていた。巡礼たちが笹を押し開くと、岩屋の洞窟の中に慈恵《じけい》僧正（良源《りょうげん》。天台宗の高僧）が刻んだ聖観音菩薩の像が立っていた。そこで一宇を建立して観音像を祀ったという。この十余名の巡礼は秩父霊場を開創した十三権者であろうといわれている。

山上にあった「笹戸《ささと》観音」は、その後、火災に遭って岩屋が崩落したために山腹に移ったが、そこでも焼失した

境内は地蔵菩薩像や観音菩薩像が点在する。聖観音菩薩を春の花々が彩る

分けのぼり
結ぶ笹の戸　おし開き
仏を拝む
身こそたのもし

間口の広い本堂は文政年間（1818～1830）の再建とされる

枝垂桜は一時期花が咲かなくなったが、ふたたび咲くようになったため「よみがえりの一本桜」と呼ばれる

本堂前の奪衣婆は三途の川にいる鬼婆。どことなくユーモラスな表情だ

奥の秋葉大権現は防火の神。かつては山腹にあった旧観音堂の前に祀られていたが、現在地に勧請された

ため、江戸時代の後期に別当寺（管理寺院）の長泉院に移転し、札所本尊の聖観音菩薩は長泉院本堂に祀られるようになった。

本堂の厨子の前に安置されている長方形の黒っぽい石板は、性空《しょうくう》上人が秩父霊場開創のおりに納めたという石札《せきさつ》である。このことから当寺は「石札《いしふだ》堂」「石札《いしふだ》道場」とも呼ばれる。

堂内の欄間には文化《ぶんか》8年（1811）に葛飾北斎《かつしかほくさい》が描いた「桜図」の額が掛かる。天井は、千社札を貼ったように文字を彫った装飾的な「納札天井」となっている。

DATA

- 秩父市荒川上田野557
- 0494-54-1106
- 秩父鉄道浦山口駅から徒歩約20分。西武秩父駅から西武観光バス「浦山常盤橋行き」「花見の里行き」で「浦山常盤橋」下車、徒歩約15分

◀◀◀ 第30番法雲寺まで徒歩約2時間（7.1km）

『観音霊験記』の世界

『観音霊験記』は日本百観音霊場の縁起・霊験を紹介した錦絵。錦絵の画面上部には霊場の風景画が描かれ、下部に霊場の縁起にまつわる逸話と挿絵が描かれている。

風景画は二代歌川広重、逸話部分の挿絵は歌川国貞（三代豊国）が担当している。画面に記された文は、江戸末期～明治初期に活躍した戯作者の万亭応賀によって編まれたもので、内容は霊場の逸話、御詠歌、応賀自作の和歌など。古の人々はこれらの錦絵を眺めては、巡礼のよすがとしたのだろう。（掲載図はすべて国立国会図書館所蔵）

第2番　真福寺
「大棚禅師」
山中の大棚禅師のもとを訪ねて、観音の功徳を願う鬼婆

第8番　西善寺
「唄念仏」
里人が旅僧（観音の化身）の前で踊りながらご詠歌を唄う

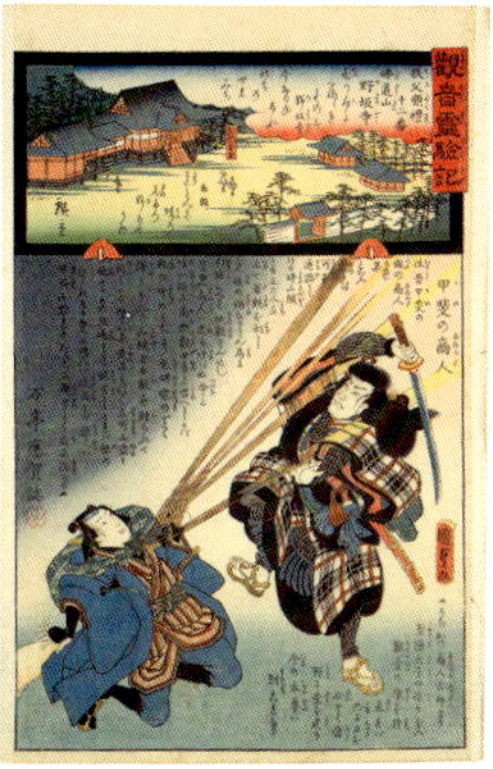

第12番　野坂寺
「甲斐の商人」
肌身につけた観音のお守りが光を発して山賊を撃退する

21番　観音寺
「八幡宮の神鏑（しんてき）」
暴れまわる土地の邪神を八幡神が矢で射って成敗する

29番　長泉院
「龍女」
山麓の淵に住む龍女が夜ごと、山の頂に灯火を捧げる

34番　水潜寺
「札立峠」
蓑笠姿の法師が杖で岩を突くと水が噴出し里人が喜ぶ

第30番

瑞龍山《ずいりゅうさん》 法《ほう》雲《うん》寺《じ》

宗派　臨済宗建長寺派
本尊　如意輪観世音菩薩

楊貴妃を描いた絵馬が、朱塗りの観音堂の軒下に奉納されている

春の庭は三尺藤、ツツジ、サツキなどが咲き誇る。観音堂は五間四方で周囲に回廊をめぐらせる

楊貴妃ゆかりの縁起を伝える本尊の如意輪観音菩薩

法雲寺は白久《しろく》駅から谷津川《やつがわ》の渓流に沿って15分ほど登ったところで、山寺らしい清閑な環境にある。本堂に面して池泉庭園があり、池の端にかかる石橋を渡って石段を上ると、宝形造の観音堂が鎮座している。観音堂は元和《げんな》元年（1615）の建立といわれ、正面の本尊厨子の前には御前立像の如意輪観音菩薩が頬杖をついた姿で坐している。

法雲寺の本尊は中国伝来といわれ、それも絶世の美女として知られる唐《とう》の楊貴妃《ようきひ》にまつわる縁起が伝わる。『秩父三十四所観音霊験円通伝』にはその物語を詳しく記している。昔、当地は深谷《ふかたに》といい、ここに尾張《おわり》（愛知県）の熱田神宮の神官がやってきて言うには、夢の中に雅やかな女官が現れて鏡を渡し、「武蔵国秩父の深谷というところに行って、この鏡を奉納せよ」と

一心に
南無観音と　唱ふれば
慈悲ふか谷の
誓ひたのもし

告げた。神官が夢から覚めてあたりを見ると、夢で見た鏡が本当にあったので、お告げの通りに秩父に来たのだという。この鏡は深谷の草庵に祀られていたが、元応《げんおう》元年（1319）に鎌倉建長寺の道隠《どういん》禅師が当地を訪れ、この鏡の由来を聞くと感嘆し、一宇を建てて唐から将来した如意輪観音菩薩を祀った。じつはこの如意輪観音菩薩は唐の玄宗《げんそう》皇帝が、愛する楊貴妃の菩提を弔うために彫ったものであった。

以上が本尊の由来である。熱田神宮には、楊貴妃は熱田の神が姿を変えて現れたものという伝承がある。縁起に登場する女官は楊貴妃（熱田の神）を

御前立の如意輪観音菩薩像。秘仏の本尊は午歳開帳のほか4月18日の縁日に開帳される

第30番

瑞龍山

法雲寺

緑に囲まれた規模の大きな本堂。法雲寺はかつて深谷寺と呼ばれていた

古納札の1枚で、天文6年（1537）のもの。阿弥陀如来、観音菩薩、勢至菩薩の三尊の梵字と奉納者などが刻まれている

観音堂の周りに石仏が並ぶ。境内には樹齢約400年の檜葉の大樹もある

暗示している。縁起には続きがあり、空海に封じられていた悪龍が改心して善龍となり、雨を降らせたのちに天に消え、寺の庭に龍の骨が残っていたという話を伝える。観音堂の回廊には、縁起にまつわる寺宝「楊貴妃の鏡」「龍の骨」「天狗の爪」が安置されている。

また、寺宝として室町時代の古い木製の納札が6枚保存されている。なかでも天文《てんぶん》5年（1536）の納札には「百観音」と刻まれており、当初は三十三カ所だった札所がこの頃までに三十四カ所に変更され、西国、坂東とあわせて百観音になったことを示す資料として貴重である。

DATA

秩父市荒川白久432
0494-54-0108
交 秩父鉄道白久駅から徒歩約15分

◀◀◀ 第31番観音院まで徒歩約6時間（18km）

第31番

鷲窟山《しゅうくつさん》

観音院《かんのんいん》

宗派　曹洞宗
本尊　聖観世音菩薩

深山路《みやまじ》を
かき分け尋ね　行きみれば
鷲の岩谷に　ひびく滝つ瀬

岩壁を背にした本堂。かつて札所は「鷲之岩屋」と呼ばれた

鷲窟磨崖仏は埼玉県指定文化財。弘法大師爪彫りの伝承があり、史料に「十萬八千佛」と記す。実際は室町時代の制作とされる

仁王像（吽形）。台石からの高さは約4mある。大勢の人の寄進により、明治元年（1868）に完成した

崖上に石仏が並ぶ深山幽谷の霊場

観音院は、『新編武蔵風土記稿』に「人跡絶えたる深山なり」と記されているように、小渓に沿った細道を、山の奥へと分け入ってゆき、その行き止まりに仁王門が立っている。門の左右に立つ仁王像は、ひとつの石材から造った仁王像では日本一の大きさといわれる。車ではここまでで、仁王門からは約300段の石段を上ってゆく。

石段を上りきると、本堂が立つ境内に至る。周囲は崖が取りまき、深山幽谷の霊境という雰囲気に満ちている。本堂の左に高さ約30mの「聖浄《せいじょう》の滝」があり、山水が細々と流れ落ちている。ただし、豪雨のあとには様相が一変してすさまじい水量となるそうだ。

本堂は昭和47年（1972）の再建で、旧本堂は明治26年（1893）に焼失した。旧本堂は絵図が残っており、それを見ると、高い柱を立てて、その上に宝形造の堂宇を載せた形式。回り階段によって堂上へ昇ったことから「さざえ堂」と呼ばれた。高さは4丈6尺（約14m）あったという。焼失が惜しまれる名堂である。

『秩父三十四所観音霊験円通伝』は本尊の縁起を次のように記す。本尊は行基《ぎょうき》が刻んだものであったが、平将門《たいらのまさかど》の戦乱によって寺は荒廃し、本尊も失われてどこにいったかわからなくなってしまった。やがて鎌倉幕府の時代となり、畠山重忠《はたけやましげただ》（幕府の有力御家人）がこの地に鹿狩りにやってきた。すると木の梢に鷲の巣があったので家来に矢を射させると、まるで鉄の壁のように矢が跳ね返されてしまった。いぶかしく思って巣を下ろしてみると、巣の中には聖観音菩薩像が坐していた。この像こそ失われた行基作の本尊であった。驚いた重忠は観音像を拝し奉り、一宇を建立して祀ったという。

境内とその周囲は石造物が多く、本堂をとりまく崖には「鷲窟磨崖仏《しゅうくつまがいぶつ》」と

錦秋の「西奥の院」。崖上に見えるのは「瀧の上岩窟」。かつては鎖をたよりによじ登って参拝していた

呼ばれる小さな浮彫の石仏が多数残っている。また、東西の崖上には多くの石仏があり、それぞれ「東奥の院」「西奥の院」と呼ばれている。「東奥の院」は15分ほどで周回することができ、途中に畠山重忠が馬を休ませたという伝説ゆかりの「馬の足跡岩窟」がある。西奥の院へは立ち入れない。

仁王門から本堂に至る石段の傍らには石碑、石仏、句碑などが点在する

DATA

秩父郡小鹿野町飯田観音2211
0494-75-3300
交 西武秩父駅から西武観光バス「栗尾行き」で「栗尾」下車、徒歩約45分で山門に至る。山門から本堂までは約15分

第32番法性寺まで徒歩約3時間(10.3km)

第32番

般若山《はんにゃさん》 法性寺《ほうしょうじ》

宗派：曹洞宗
本尊：聖観世音菩薩

本堂に祀られる御前立像「お船観音」。本堂内には法性寺本尊の薬師如来が祀られている

観音堂前に立つ観音菩薩像。「秩父のビーナス」と称される美しさ

5月第2日曜の花祭り。地元の子供たちが集めた花で飾られる

巨大な舟形の岩上に観音像と大日如来を祀る

法性寺は「お船観音」の通称で知られる。岩船山《いわふねやま》を背にして、山門、庫裏、本堂、観音堂が山腹に配されている。

上層が鐘楼になっている山門をくぐり、石段を上ると、右側に庫裏と本堂が並び、本堂内には札所本尊の御前立像の聖観音菩薩が祀られている。その像容は、傘をかぶって舟に乗り、櫂で漕いでいるという特異なもので、その由来を『秩父三十四所観音霊験円通伝』

願わくは
般若の舟に　のりを得ん
いかなる罪も
浮かぶとぞ聞く

観音堂は三間四方の宝形造。
背面の岩窟内に子授け地蔵を祀る

奥の院参拝は滑りにくい靴を用意したい。岩船観音は本堂前の遥拝所（足型）から拝することができる

観音堂への石段は巨岩を削り出したもの。奥の院への道も岩場が多く、石仏が並ぶ岩窟などがある

は次のように記す。昔、武蔵国豊島郡に豊嶋権守《としまごんのかみ》という者がいた。豊嶋権守には娘がおり、あるとき嫁ぎ先から里帰りのため、供の者たちと舟に乗って川を進んでいた。すると、深い淵にさしかかったところで舟が動かなくなってしまった。船頭がいうには、これは淵に住む悪魚のせいで、誰かが生贄にならなければ全員が殺されてしまうという。そこで娘が自ら水に身を投じると、舟は自由に動けるようになり、無事に岸に着くことができた。供の者た

本堂内に掛かる江戸時代の境内を描いた絵馬。絵の上部、山上の岩船の先端は江戸後期に崩落した

奥の院の銅造大日如来像。宝暦2年（1752）の銘がある。岩船の南端の高所にあり、鎖場を上ってゆく。像の前は狭いので要注意

ちが嘆いていると、そこに傘をかぶった美しい女性が舟で漕ぎつけてきた。見れば、舟には娘が無事な姿で坐っている。みなが大喜びすると、その女性は、「この娘は心で観音菩薩の名を称えていました。そこでわれが悪魚を退治し、娘を救ったのです」といい、たちまち姿を消してしまった。後日、豊嶋権守が諸国巡拝の折に、当地に来て本尊を拝したところ、その姿は娘を救ってくれた女性そのものであった。豊嶋権守は感激し、三日三晩、般若心経を書写して奉納したという。

観音堂は、本堂からさらに１００ｍほど進んだ斜面にあり、崖を背にした懸崖造（舞台造）の堂宇である。宝永《ほうえい》４年（１７０７）の建立で、回廊をめぐらせた開放的な造り。観音堂を下りると右手に巨石の洞門があり、ここが山上の奥の院への入口である。月光坂と呼ばれる急斜面を５００ｍほど登ると、岩船と呼ばれる舟形の大岩の上に出る。この岩上が奥の院であり、舳先《へさき》にあたる北側に岩船観音像が立ち、艫《とも》にあたる南側に大日如来像が祀られている。標高約４００ｍの岩上は眺望が開けており、秩父・上毛の美しい山並みを楽しむことができる。

DATA

秩父郡小鹿野町般若2661
0494-75-3200
交 西武秩父駅から西武観光バス「小鹿野車庫・栗尾行き」で「松井田」下車、徒歩約1時間（4km）

第33番菊水寺まで徒歩約2時間（7km）
※「観音堂」「奥の院」にあがる方で、納経をされない方は境内整備のための協力金300円を志納

第33番

延命山《えんめいさん》 菊水寺《きくすいじ》

宗派 ■ 曹洞宗
本尊 ■ 聖観世音菩薩

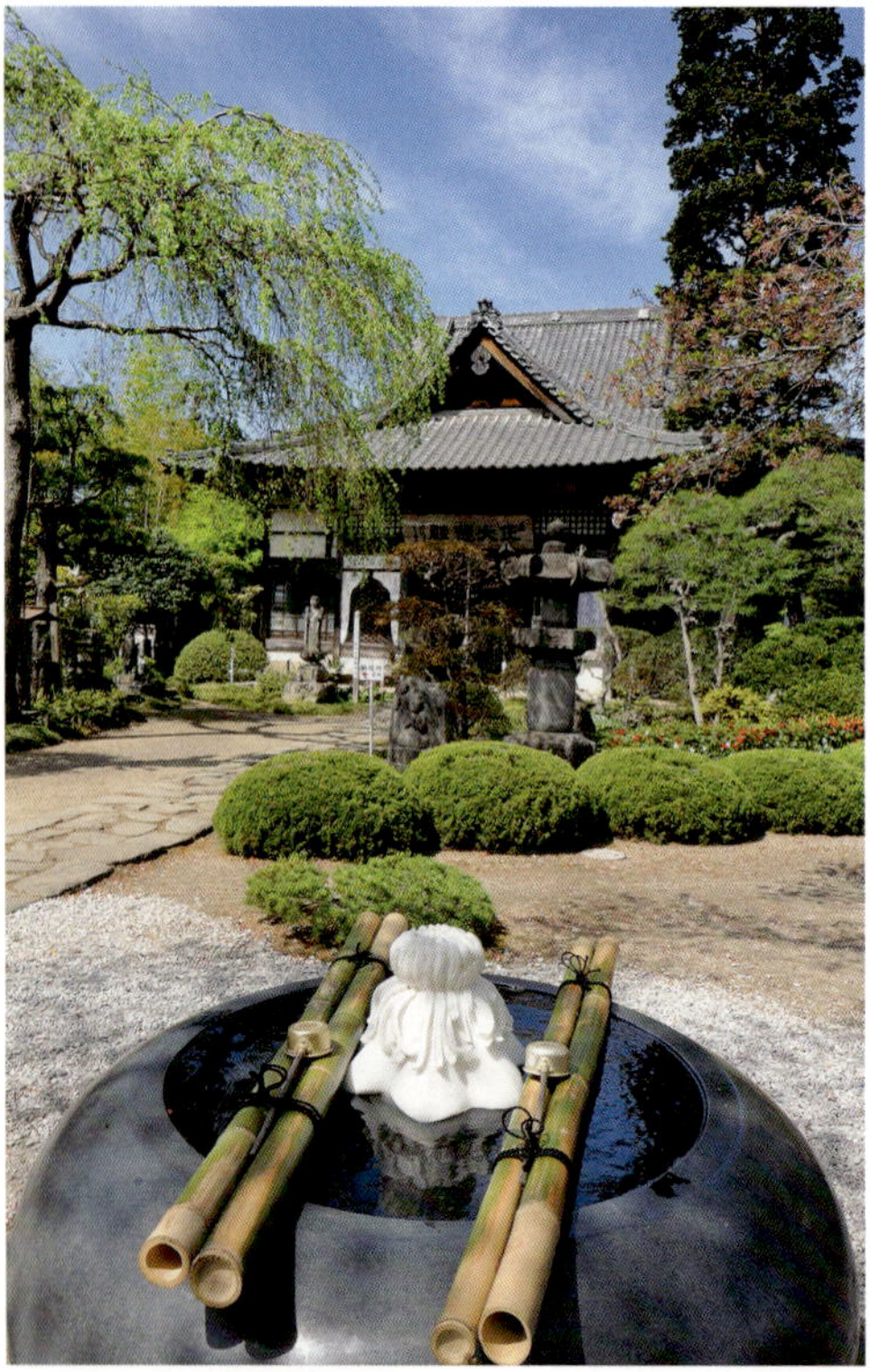

菊水の井にちなみ、菊花をあしらえた手水場。本堂は規模が大きな横長の入母屋造で、正面に千鳥破風を設けた玄関を付け、その左右に装飾的な火頭窓を配している

本堂内陣の欄間には見事な彩色彫刻が施されている

「正大悲殿」の扁額。明治42年（1909）の奉納

福寿延命を授かるという行基ゆかりの井戸の伝承

菊水寺は荒川支流の赤平川《あかびらがわ》の東岸にある。参道入口に「大桜山長福寺《だいおうさんちょうふくじ》」の門柱と「札所三十三番　本尊正観世音」の石標が立つ。これは、札所の菊水寺が江戸時代に別当寺（管理寺院）の長福寺の境内に移転したことによるものだ。

では菊水寺は、もとはどこにあったのかというと、現在地から南東へ600mほど離れた小坂下《こざかげ》という地区にあ

春や夏
冬もさかりの　菊水寺
秋のながめに　送る年月

室町時代作とされる御前立の
聖観音菩薩像。秘仏本尊は平安後期の作

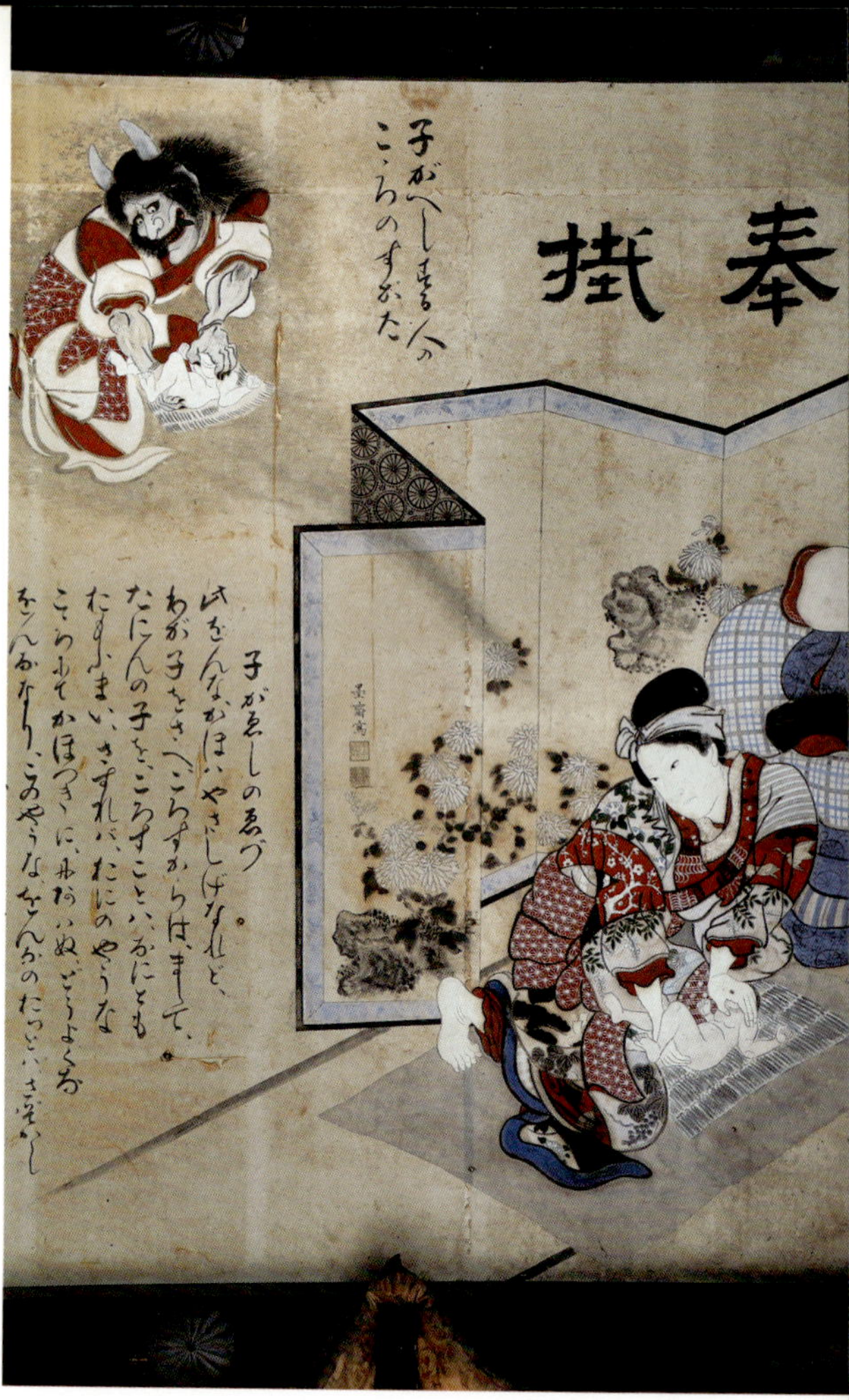

「子がゑし之絵図」。自らの子を殺める母親は、見た目は美しくとも、心の姿は鬼であることを示している

春の参道は八重桜に包まれる。見ごろは４月中旬～下旬。本堂前の枝垂桜も美しく、見ごろは４月上旬頃

った。小坂下から東に入った山中には八人峠《はちにんとうげ》という峠道があり、そこが本尊ゆかりの地である。その縁起を『秩父三十四所観音霊験円通伝』は次のように記す。昔、この峠には８人の山賊が出没し、横暴の限りを尽くしていた。あるとき、ひとりの旅の僧が峠にさしかかったところ、山賊たちが現れて旅の僧を取り囲み、白刃を振りかざして恐喝した。すると旅の僧は法力で山賊たちを金縛りにし、罪を悔い改めるように諭した。恐れおののいて改心した山賊たちが出家することを誓うと、旅の僧は、「こゝの山の麓に福寿延命の菊水という霊泉がある。そこで身を清め

境内にある県内最古の芭蕉句碑。寛保3年（1743）の松尾芭蕉五十回忌に建立されたもの

広々とした本堂の土間。堂内の大絵馬は井上如常（1811～90）が奉納したもの。絹商のかたわら社会救済事業に尽力し、秩父聖人と称された

れば必ず寿命が延びるであろう。われは行基という」と言い、観音菩薩の像を3体刻んで彼らに与えたという。はじめ観音菩薩を祀る草庵は峠にあったが、のちに、あるひとりの僧が草庵を山麓に移した。その僧が朝夕に菊水の井戸の水で服薬していたところ、80歳を過ぎても身体強固で壮年のごとき容貌だった。そこで里の人々も本尊の霊験を知り、草庵に足を運ぶようになったという。

　この山麓の草庵が発展して観音札所の菊水寺となり、のちに長福寺の境内に移っていまに至る。寺名の由来となった菊水の井戸はすでに所在がわからなくなっているが、現在の境内に菊水の井戸にちなんだ美しい手水場がある。

　長い参道の先に立つ本堂は文政《ぶんせい》3年（1820）に再建されたもので、正面に凸字形に玄関構えを付け、内部に広い土間を設けている。これは多くの参拝者を堂内に迎え入れ、本尊をより近いところから拝することができるように配慮した工夫だろう。平時は本尊を祀る厨子の前に幕が引かれ、その前に2体の御前立像が安置されている。土間の左右の欄間には大絵馬（額絵）が掛かり、ひとつは親孝行を勧める「孝行和讃《こうこうわさん》」、もうひとつは、かつてひんぱんに行われていた間引きを戒める「子がゑし之絵図」である。札所が信仰の場であるとともに、庶民に社会道徳を知らしめる場でもあったことがわかる。

　境内にある芭蕉句碑は『秩父三十四所観音霊験円通伝』の著者である建部《たけべ》綾足《あやたり》（出家名は円宗）の揮毫。

DATA

秩父市下吉田1104
0494-77-0233
交 西武秩父駅から西武観光バス「小鹿野車庫・栗尾行き」で「泉田」下車、徒歩約35分

第34番水潜寺まで札立峠を経て徒歩約3時間(8.9km)

第34番

日沢山《にったくさん》 水潜寺《すいせんじ》

宗派 ∷ 曹洞宗
本尊 ∷ 千手観世音菩薩

萬代《よろずよ》の
願ひをここに　納めおく
苔の下より　出づる水かな

本堂外陣の格天井。
本堂は文政11年(1828)の再建

仏足堂にはタイ国から請来した仏足石が祀られる。堂前には小さな丸石が置いてあり、般若心経の一字を書いて堂内に奉納することができる

左側の崖に「水潜りの岩屋」がある。現在は入洞不可。洞内から湧き出る清水が本堂前に注がれており、「長命水」と呼ばれる

観音、阿弥陀、薬師を祀る日本百観音結願の霊場

　第33番菊水寺から第34番水潜寺へは、徒歩であれば破風山《はっぷさん》（626m）の札立《ふだたて》峠を越える3時間の道のり。最後の急坂を下ってゆくと樹間に宝形造の本堂が現れる。

　水潜寺は秩父三十四カ所の結願寺であるとともに、日本百観音結願所である。本尊は千手観音菩薩で、脇侍が薬師如来と阿弥陀如来という珍しい三尊形式だ。その縁起を『秩父三十四所観音霊験円通伝』は次のように記す。

天長《てんちょう》元年（824）、東国は干ばつに襲われて当地の人々も大いに苦しんでいた。するとある日、背の高い法師が蓑をまとった雨支度で現れた。里人が「この干ばつに、なんだあの格好は」と笑うなか、法師は飛ぶようにして山上に登ると三尊の仏像を笈《おい》から出して岩の上に立て、杖で岩を突くと、その割れ目から滝のように水が噴き出した。「ここは巡礼諸願成就の地である。これより何百年後かに、熊野権現が多くの権現とともにやって来て、この地に笈摺《おいずる》（巡礼の装束）を納められるであろう。この三尊の阿弥陀如来は西方の教主であり西国三十三所を表す。薬師如来は東方の教主であり坂東三十三所を表す。この地の三十四所とともに百番巡礼の結願所とすべし」と法師が言うと大雨が降りだし、里の人々は踊らんばかりに喜んだ。すると法師はふたたび飛ぶように山を下るといずこともなく消えた。はたして文暦《ぶんりゃく》年間（1234〜35）に普通の僧侶とは見えぬ十数名が秩父を巡拝したのち、当山で

本堂外陣に祀られる銅造の「子育て観音像」。享保18年（1733）の銘がある

参道入口に「日本百観音結願所」の石柱が立つ。左の参道は三十三観音石像が並び、右の参道は札立峠へも通じる

本堂前に百観音霊場のお砂踏み石があり、百観音巡礼の功徳があるという

讃仏堂に祀られる本尊三尊の写し像（非公開）。中央が千手観音、右が阿弥陀如来、左が薬師如来で、山上に浮かぶ姿

第34番

日沢山 **水潜寺**

笈摺を脱ぎ置いて去った。人々はその笈摺を真体として祀ったという。

この縁起から、水潜寺の草創には熊野系の修験者が関わり、その後、中世に至って秩父霊場の結願所の地位を確立したと推測できるだろう。

本堂の右手には寺名の由来となった「水潜《みずくぐ》りの岩屋」がある。かつて結願した巡礼者は、この洞穴で胎内くぐりの擬死再生儀礼を行い、清浄な身となって俗世へ帰っていったという。

今日も、山懐に抱かれた森厳な境内に、結願の喜びに満ちた杖の鈴の音が響いている。

DATA

住 秩父郡皆野町下日野沢3522
☎ 0494-62-3999
交 秩父鉄道皆野駅から皆野町営バス「日野沢行き」で「札所前」下車、徒歩3分

column
2

百観音霊場巡拝と善光寺参り

百観音結願のお礼参り

西国三十三所、坂東三十三カ所、秩父三十四カ所の百観音霊場の巡拝を終えたのち、善光寺（長野市）と北向観音（長野県上田市）にお礼参りすることが江戸時代から行われるようになった。お礼参りとは、無事に巡拝できたことの報告と感謝のために参拝することである。この習わしはもちろん巡拝者の自由であり、現在も、西国三十三所のみを巡拝し終えて善光寺参りする人も多い。

善光寺は天台宗と浄土宗の別格本山で、本尊の阿弥陀如来像はインド、中国、朝鮮を経て日本へ伝来したとされる。阿弥陀如来と観音菩薩、勢至菩薩の三尊がひとつの舟形光背を背にしている姿から、「一光三尊式《いっこうさんぞんしき》阿弥陀如来」といわれ、「善光寺式阿弥陀三尊」とも呼ばれる。善光寺の本尊は誰も姿を拝することができない絶対秘仏であり、その姿を模した善光寺式阿弥陀三尊が各地の善光寺ゆかりの寺院などに祀られている。

別所温泉にある北向観音は、天長2年（825）に慈覚大師（円仁）が開創したとされる霊場。厄除けの観音さまとして信仰を集め、本尊が北を向いていることが名の由来。南向きの善光寺本尊と向き合っていることから、善光寺とあわせて参拝する習わしがある。

坂東霊場から秩父霊場へ

江戸時代以降、庶民の巡礼が盛んになり、いくつかの霊場をまとめて巡拝することが行われた。たとえば、江戸からお伊勢参りに行き、そのあとに西国三十三所を巡拝し、中山道を経て善光寺に参拝してから江戸に帰る人もいた。いっぽう、西国から坂東三十三カ所、秩父三十四カ所を巡拝しに来た人は、百観音結願ののちに善光寺にお参りして故郷へ帰っていった。

興味深いのは、坂東三十三カ所巡拝の旅程に秩父三十四カ所が組み込まれることがあったことだ。坂東第９番の慈光寺（埼玉県比企郡ときがわ町）は秩父第１番四萬部寺とは直線距離で10kmほどしか離れていない。そこで慈光寺から秩父へ向かい、秩父三十四カ所を５、６日で巡拝し終え、坂東第10番正法寺（埼玉県東松山市）へ行き、坂東霊場の巡拝を続けたのである。徒歩での巡拝しかない時代の効率的な巡拝方法といえるだろう。

文：内田和浩　うちだかずひろ

1962年生まれ。早稲田大学第一文学部美術史専修卒業。出版社勤務を経てフリー編集者・ライターに。週刊『古寺を巡る』(小学館)、『日本美術全集』「法隆寺と奈良の寺院」、同「運慶・快慶と中世寺院」(小学館)などを編集、執筆。著書に『ふるさとの仏像をみる』(世界文化社)。

写真：宮地工　みやじこう

1949年生まれ。日本全国を撮影し続け、広告写真から雑誌まで幅広く活躍する写真家。写真集に『早稲田小劇場』『CAMP』『川とともに　長良川』などがある。日経広告大賞「インターフェイス」、日本新聞協会賞などを受賞。

古寺巡礼　4

秩父三十四カ所めぐり

編集人／竹地里加子
発行人／秋田　守
発行所／JTBパブリッシング
印刷所／大日本印刷

【図書のご注文は】
出版販売部直販課
☎ 03-6888-7893

【本書内容についてのお問い合わせは】
MD事業部
☎ 03-6888-7846
〒162-8446　東京都新宿区払方町25-5
http://www.jtbpublishing.co.jp

©JTB Publishing 2016
禁無断転載・複製　163461
Printed in Japan 372701
ISBN978-4-533-11436-5 C2026
乱丁・落丁はお取替えいたします。

旅とおでかけ旬情報
http://rurubu.com/

装丁・本文デザイン／滝口博子
イラスト／井上ミノル
地図／ジェイ・マップ

◆本書の情報は平成28年7月現在のものです。
◆各種データを含めた記載内容の正確さは万全を期しておりますが、お出かけの際は、電話などで事前に確認されることをお勧めします。本書に掲載された内容による損害などは、弊社では補償いたしかねますので、あらかじめご了承ください。
◆本書の編集にあたり、秩父札所連合会に多大なご協力を賜りました。厚く御礼申し上げます。